# 北京商务发展报告
# （2016）

北京市商务委员会

经济日报出版社

图书在版编目（CIP）数据

北京商务发展报告．2016／北京市商务委员会编
．--北京：经济日报出版社社，2017.3
ISBN 978-7-5196-0103-4

Ⅰ．①北… Ⅱ．①北… Ⅲ．①商业经济-经济发展-研究报告-北京-2016 Ⅳ．①F727.1

中国版本图书馆CIP数据核字（2017）第054995号

**北京商务发展报告（2016）**

| | |
|---|---|
| 作　　者 | 北京市商务委员会 |
| 责任编辑 | 杨　岐 |
| 出版发行 | 经济日报出版社 |
| 社　　址 | 北京市西城区白纸坊东街2号（邮政编码：100054） |
| 电　　话 | 010-63567683（编辑部） |
| | 010-63588446　63567692（发行部） |
| 网　　址 | www.edpbook.com.cn |
| E-mail | edpbook@126.com |
| 经　　销 | 全国新华书店 |
| 印　　刷 | 北京建宏印刷有限公司 |
| 开　　本 | 710×1000 mm　1/16 |
| 印　　张 | 7.75 |
| 字　　数 | 130千字 |
| 版　　次 | 2017年3月第一版 |
| 印　　次 | 2017年3月第一次印刷 |
| 书　　号 | ISBN 978-7-5196-0103-4 |
| 定　　价 | 80.00元 |

# 目　录

# 第一章　北京商务发展总况

## 一、北京商务发展概述

### （一）消费市场稳定增长

#### 1. 社会消费品零售总额稳定增长

2015年北京市社会消费品零售额为10338亿元，同比增长7.3%，较2014年增长收紧1.3个百分点，但总体呈现出稳定增长的态势。

按商品用途分，吃、穿、用和烧类商品分别实现零售额1967.3亿元、742.8亿元、7156.3亿元和471.6亿元，同比增长率为5.7%、-5.2%、11.6%和-18.8%；其中穿类、烧类商品消费出现下跌，所占零售总额比重降低；用类商品销售呈现较快增长，所占零售总额比重上升，是社会消费品零售总额增长的核心动力。按消费单位所在地分，城镇实现商品零售额10162.8亿元，同比增长7.3%；农村实现175.2亿元，同比增长5.2%；城镇社会消费品零售依然占据主导地位。按消费形态分，商品零售实现9491.2亿元，同比增长7.8%；餐饮收入846.8亿元，同比增长2.1%（见表1-1）。

表 1-1　社会消费品零售额构成

单位：亿元，%

| 项目 | 2015 年 | | 2014 年 | | 同比 |
|---|---|---|---|---|---|
| | 数额 | 比重 | 数额 | 比重 | |
| 社会消费品零售总额 | 10338.0 | 100.0 | 9638.0 | 100.0 | 7.3 |
| 按商品类别分 | | | | | |
| 吃类商品 | 1967.3 | 19.0 | 1860.5 | 19.3 | 5.7 |
| 穿类商品 | 742.8 | 7.2 | 783.3 | 8.1 | -5.2 |
| 用类商品 | 7156.3 | 69.2 | 6413.5 | 66.6 | 11.6 |
| 烧类商品 | 471.6 | 4.6 | 580.7 | 6.0 | -18.8 |
| 按销售单位所在地分 | | | | | |
| 城 镇 | 10162.8 | 98.3 | 9471.5 | 98.3 | 7.3 |
| 农 村 | 175.2 | 1.7 | 166.5 | 1.7 | 5.2 |
| 按消费品形态分 | | | | | |
| 商品零售 | 9491.2 | 91.8 | 8808.3 | 91.4 | 7.8 |
| 餐饮收入 | 846.8 | 8.2 | 829.7 | 8.6 | 2.1 |

★数据来源：《北京市统计年鉴》。

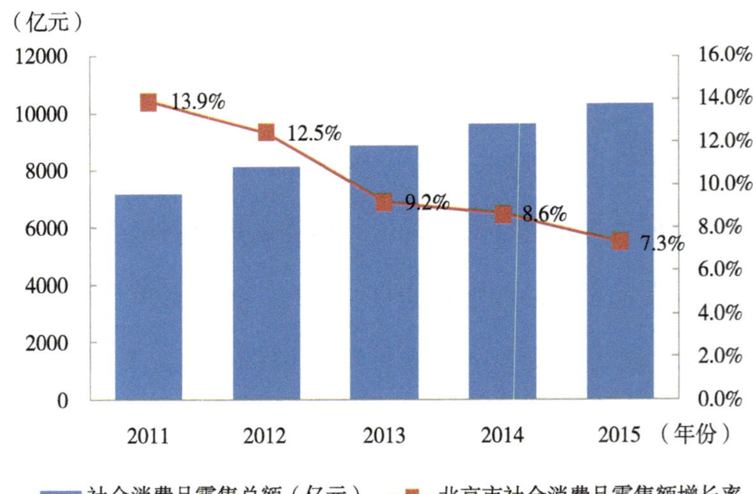


图 1-1　北京社会消费品零售额（2011-2015 年）

★数据来源：《北京市统计年鉴》。

2015 年网上销售保持强劲增长势头，限额以上批发零售企业实现网上零售额 2016.9 亿元，比 2014 年增长 40.2%，对社会消费品零售额增长的贡献率超过八成，占社会消费品零售额的比重为 19.5%，比 2014 年提高 4.4 个百分点。

### 2. 市内批发和零售业商品购销成为主要增长动力

2015 年，全年批发和零售业实现商品购销额 116709.6 亿元，比 2014 年下降 7.6%。其中，实现购进额 55984.5 亿元，下降 6.4%；销售额 60725.1 亿元，下降 8.7%。市内购进、市内批发、零售呈现出明显的增长态势，且占商品购销总额的比重分别从 11.6%、11.6%、7% 增长至 13.6%、14%、8%。其中，市内购进对正向增长的贡献率为 12.2%，拉动率为 0.9%；市内批发的贡献率为 17.6%，拉动率为 1.3%；零售额的贡献率为 5.5%，拉动率为 0.4%。这表明市内批发和零售业成为商品购销总额增长的主要推动力（见表 1–2）。

**表 1–2　批发和零售业商品购进、销售、库存情况**

单位：亿元，%

| 项目 | 2015 年 | | 2014 年 | | 同比 |
|---|---|---|---|---|---|
| | 数额 | 比重 | 数额 | 比重 | |
| 商品购销总额 | 116709.6 | 100.0 | 126335.2 | 100.0 | –7.6 |
| **商品购进额** | **55984.5** | **48.0** | **59822.3** | **47.4** | **–6.4** |
| 市内购进 | 15846.6 | 13.6 | 14676.3 | 11.6 | 8.0 |
| 市外购进 | 32630.7 | 28.0 | 35771.9 | 28.3 | –8.8 |
| 进　口 | 7507.2 | 6.4 | 9374.1 | 7.4 | –19.9 |
| **商品销售额** | **60725.1** | **52.0** | **66513.0** | **52.6** | **–8.7** |
| 批发额 | 51389.8 | 44.0 | 57705.3 | 45.7 | –10.9 |
| 市内批发 | 16383.8 | 14.0 | 14686.0 | 11.6 | 11.6 |
| 市外批发 | 32663.4 | 28.0 | 40339.1 | 31.9 | –19.0 |
| 出口 | 2342.6 | 2.0 | 2680.2 | 2.1 | –12.6 |
| 零售额 | 9335.3 | 8.0 | 8807.6 | 7.0 | 6.0 |
| **期末商品库存额** | **5744.4** | **4.9** | **5612.9** | **4.4** | **2.3** |

*数据来源：《北京市统计年鉴》。

### 3. 生活性服务业相关商品销售呈上升趋势

2015 年，北京限额以上批发和零售业商品销售额为 51811.3 亿元，同比下降 13.7%。从商品销售总体来看，粮油食品类、饮料类、日用品类、体育娱乐用品类、家用电器和音像器材类等呈现出较高的增长率，对商品销售增长整体具有较高的贡献率和良好的拉动力。从批发业销售额看，中西药品类、木材及制品类、家用电器和音像器材类、饮料类、体育娱乐用品类等呈现高增长的态势，特别是中西药品类增长率高达 60.7%，正向增长贡献率为 6.9%，对批发总额拉动率为 1.0%。从零售业销售额看，日用品类、饮料类、通讯器材类、家用电器和音像器材类等保持两位数增长，其中日用品类和通讯器材类呈现迅速增长的态势，增长率达 22.6%、10.9%，正向增长贡献率为 16.8%、24.9%，对零售总额拉动率为 0.9%、1.4%（见表 1-3）。

**表 1-3　限额以上批发和零售业商品销售类值**

单位：亿元，%

| 项目 | 商品销售额 | | 批发额 | | 零售额 | |
|---|---|---|---|---|---|---|
| | 销售额 | 同比 | 销售额 | 同比 | 销售额 | 同比 |
| 合计 | 51811.3 | -13.7 | 44275.4 | -15.0 | 7535.8 | -5.5 |
| 粮油、食品类 | 2231.4 | 10.9 | 1639.1 | 11.9 | 592.2 | 8.3 |
| 饮料类 | 456.3 | 24.0 | 382.3 | 23.7 | 74.0 | 25.6 |
| 烟酒类 | 1029.7 | 7.3 | 900.1 | 6.8 | 129.6 | 10.7 |
| 服装鞋帽、针、纺织品类 | 1134.5 | -1.8 | 503.1 | 3.6 | 631.4 | -5.6 |
| 化妆品类 | 279.3 | 2.9 | 108.6 | -1.3 | 170.7 | 5.8 |
| 金银珠宝类 | 1234.9 | -12.7 | 912.7 | -7.8 | 322.2 | -24.3 |
| 日用品类 | 883.2 | 12.1 | 481.2 | 4.6 | 402.0 | 22.6 |
| 五金、电料类 | 112.4 | -28.0 | 100.1 | -29.5 | 12.3 | -13.1 |
| 体育、娱乐用品类 | 617.8 | 11.6 | 520.5 | 13.9 | 97.3 | 0.8 |
| 书报、杂志类 | 194.1 | -9.5 | 111.0 | 12.9 | 83.0 | -28.5 |
| 电子出版物及音像制品类 | 53.3 | 1.6 | 26.9 | 0.4 | 26.4 | 2.9 |
| 家用电器和音像器材类 | 1756.1 | 13.9 | 1343.9 | 15.1 | 412.2 | 10.1 |
| 中西药品类 | 1812.2 | 8.1 | 1421.5 | 60.7 | 390.7 | -50.7 |
| 文化、办公用品类 | 2637.5 | 7.2 | 2093.0 | 7.7 | 544.5 | 5.6 |
| 家具类 | 101.5 | -1.3 | 13.9 | -4.1 | 87.5 | -0.8 |
| 通讯器材类 | 5070.1 | 2.7 | 3955.2 | 0.6 | 1114.9 | 10.9 |
| 煤炭及制品类 | 2123.1 | -21.5 | 2121.1 | -21.6 | 2.1 | 350.9 |
| 木材及制品类 | 298.7 | 40.0 | 298.7 | 40.0 | - | - |
| 石油及制品类 | 5159.2 | -24.3 | 4706.5 | -24.9 | 452.6 | -17.3 |
| 化工材料及制品类 | 5573.2 | -22.5 | 5573.2 | -22.5 | - | - |
| 金属材料类 | 6624.3 | -35.0 | 6624.3 | -35.0 | - | - |
| 建筑及装潢材料类 | 327.1 | -17.2 | 303.4 | -17.7 | 23.7 | -8.8 |

续表

| 项目 | 商品销售额 | | 批发额 | | 零售额 | |
|---|---|---|---|---|---|---|
| | 销售额 | 同比 | 销售额 | 同比 | 销售额 | 同比 |
| 机电产品及设备类 | 2423.9 | –12.1 | 2374.8 | –12.1 | 49.1 | –14.5 |
| 汽车类 | 7328.9 | –13.2 | 5520.7 | –16.3 | 1808.2 | –1.9 |
| 种子饲料类 | 190.7 | 8.9 | 190.7 | 8.9 | – | – |
| 棉麻类 | 211.9 | –40.8 | 211.9 | –40.8 | 0.1 | 286.7 |
| 其他类 | 1946.1 | –10.3 | 1837.0 | –8.3 | 109.1 | –34.9 |

★数据来源：《北京市统计年鉴》。

总体而言，与生活性服务业密切相关的批发和零售业商品销售基本都呈现出良好的上升趋势，而化工材料及制品类、机电产品及设备类等工业生产相关的商品销售则呈现出较为明显的下降趋势。

### 4. 区域社会消费品零售发展结构保持稳定

2015 年，城市功能拓展区依然保持绝对的优势地位，社会消费品零售总额达 5582.9 亿元，占比 56.9%，同比增长 6.6%，对全市总增长的贡献率达 52.2%，发展水平与去年同期相比基本保持稳定。城市发展新区呈现出较高增长的态势，全年社会消费品零售总额达 2102.8 亿元，占比 20.3%，同比增长 9.1%，贡献率达 25.1%，成为第二大社会消费品零售区域。首都功能核心区保持稳定的增长与贡献率，社会消费品零售总额为 1898.5 亿元，占比 18.4%。同比增长 6.9%，贡献率为 17.5%。生态涵养发展区增长相对较快，社会消费品零售总额为 453.8 亿元，占比 4.4%，同比增长 8.8%，贡献率为 5.2%，整体与上一年相比呈现出稳定发展态势（见表 1–4）。

**表 1–4　社会消费品零售总额（按区县划分）**

单位：亿元，%

| 项目 | 2015 年 | | 2014 年 | | 同比 | 贡献率 |
|---|---|---|---|---|---|---|
| | 数额 | 比重 | 数额 | 比重 | | |
| 全市 | 10338.0 | 100.0 | 9638.0 | 100.0 | 7.3 | 100.0 |
| 首都功能核心区 | 1898.5 | 18.4 | 1775.9 | 18.4 | 6.9 | 17.5 |
| 东 城 区 | 985.9 | 9.5 | 913.3 | 9.5 | 7.9 | 10.4 |

续表

| 项目 | 2015年 | | 2014年 | | 同比 | 贡献率 |
|---|---|---|---|---|---|---|
| | 数额 | 比重 | 数额 | 比重 | | |
| 西 城 区 | 912.6 | 8.8 | 862.6 | 8.9 | 5.8 | 7.1 |
| 城市功能拓展区 | 5882.9 | 56.9 | 5517.7 | 57.2 | 6.6 | 52.2 |
| 朝 阳 区 | 2514.9 | 24.3 | 2377.6 | 24.7 | 5.8 | 19.6 |
| 丰 台 区 | 1007.3 | 9.7 | 937.4 | 9.7 | 7.5 | 10.0 |
| 石景山区 | 266.0 | 2.6 | 241.9 | 2.5 | 10.0 | 3.4 |
| 海 淀 区 | 2094.7 | 20.3 | 1960.8 | 20.3 | 6.8 | 19.1 |
| 城市发展新区 | 2102.8 | 20.3 | 1927.3 | 20.0 | 9.1 | 25.1 |
| 房 山 区 | 230.2 | 2.2 | 211.8 | 2.2 | 8.7 | 2.6 |
| 通 州 区 | 355.5 | 3.4 | 323.2 | 3.4 | 10.0 | 4.6 |
| 顺 义 区 | 410.0 | 4.0 | 376.7 | 3.9 | 8.8 | 4.8 |
| 昌 平 区 | 395.9 | 3.8 | 368.7 | 3.8 | 7.4 | 3.9 |
| 大 兴 区 | 356.6 | 3.4 | 321.9 | 3.3 | 10.8 | 5.0 |
| 北京经济技术开发区 | 354.5 | 3.4 | 325.1 | 3.4 | 9.1 | 4.2 |
| 生态涵养发展区 | 453.8 | 4.4 | 417.1 | 4.3 | 8.8 | 5.2 |
| 门头沟区 | 57.5 | 0.6 | 53.1 | 0.6 | 8.4 | 0.6 |
| 怀 柔 区 | 102.9 | 1.0 | 94.1 | 1.0 | 9.3 | 1.3 |
| 平 谷 区 | 92.3 | 0.9 | 84.4 | 0.9 | 9.3 | 1.1 |
| 密 云 区 | 120.1 | 1.2 | 110.7 | 1.1 | 8.4 | 1.3 |
| 延 庆 区 | 81.1 | 0.8 | 74.8 | 0.8 | 8.4 | 0.9 |

★ 数据来源：《北京市统计年鉴》。

### 5. 价格水平与消费者信心状况良好

2015 年，北京居民消费价格指数为 101.8，即居民消费价格总水平同比上涨 1.8%，涨幅较上年提高 0.2 个百分点。商品零售价格指数为 98.5，即同比下降 1.5%，降幅较上年增加 0.6 个百分点（图 1–2）。从长期来看，居民消费价格水平与商品零售价格水平均处于较为平稳的阶段。

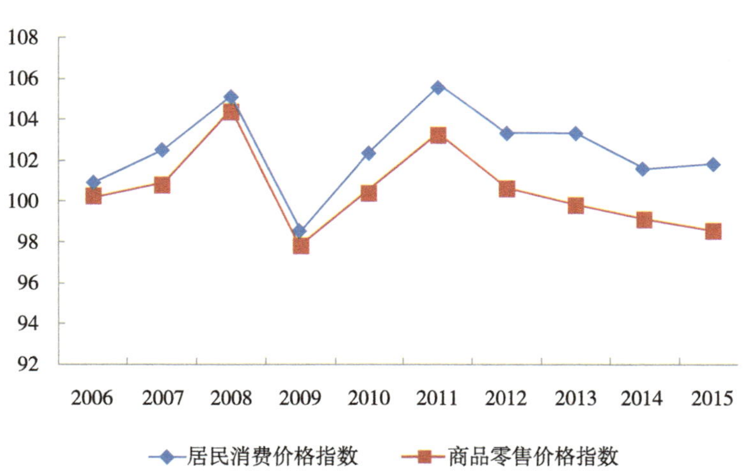


**图 1-2　居民消费价格指数与商品零售价格指数**

★数据来源：《北京市统计年鉴》。

食品价格水平较 2014 年上涨 1.6%，非食品价格水平上涨 1.9%，服务项目价格水平上涨 4.2%，消费品价格水平上涨 0.3%。与 2014 年居民消费价格分类指数相较，2015 年居民消费分类指数基本保持平稳（见表 1-5）。食品、饮料、服装等六类商品零售价格水平基本保持稳定，并呈现小幅度上升的趋势；纺织品、文化办公用品等六类商品零售价格水平有所下跌，但下跌幅度较上年有所收缩；其他商品零售价格水平跌幅虽有所扩大，但依然保持在相对较小的变化区间。

**表 1-5　居民消费价格与商品零售价格分类指数**

（上一年 =100）

| 项目 | 2015 年 | 2014 年 |
|---|---|---|
| 居民消费价格指数 | 101.8 | 101.6 |
| 食品价格指数 | 101.6 | 103.2 |
| 非食品价格指数 | 101.9 | 101.0 |
| 服务项目价格指数 | 104.2 | 102.5 |
| 消费品价格指数 | 100.3 | 101.0 |
| 商品零售价格指数 | 98.5 | 99.1 |
| 食品 | 101.6 | 103.3 |
| 饮料、烟酒 | 102.2 | 100.3 |
| 服装、鞋帽 | 103.6 | 100.3 |
| 纺织品 | 97.3 | 95.9 |
| 家用电器及音像器材 | 96.2 | 94.7 |

续表

| 项目 | 2015 年 | 2014 年 |
|---|---|---|
| 文化办公用品 | 98.3 | 93.6 |
| 日用品 | 99.1 | 99.7 |
| 体育娱乐用品 | 99.8 | 101.6 |
| 交通、通信用品 | 96.1 | 95.5 |
| 家 具 | 101.7 | 101.6 |
| 化妆品 | 99.9 | 98.2 |
| 金银珠宝 | 91.6 | 88.5 |
| 中西药品及医疗保健用品 | 101.6 | 101.5 |
| 书报杂志及电子出版物 | 102.6 | 102.6 |
| 燃 料 | 85.7 | 97.8 |
| 建筑材料及五金电料 | 99.3 | 99.7 |

★数据来源：《北京市统计年鉴》。

2015 年，消费者信心指数较上年体现出相对平稳的态势，保持着较高的消费者信心水平，消费者满意指数稳步上升，并于 2015 年底超过 2014 年最高水平。其中，就业状况满意指数均值达 122.9，家庭收入状况满意指数均值达 100.2，耐用消费品购买时机满意指数均值达 104.7，较 2014 年平均水平均呈现出明显的提升。消费者预期指数呈现出平稳降低的态势，但较 2014 年整体保持着较高水平。其中，就业状况预期指数均值达 112.3，较 2014 年提升 4.1 个点；家庭收入状况预期指数均值达 101.8，较 2014 年提升 1.7 个点。

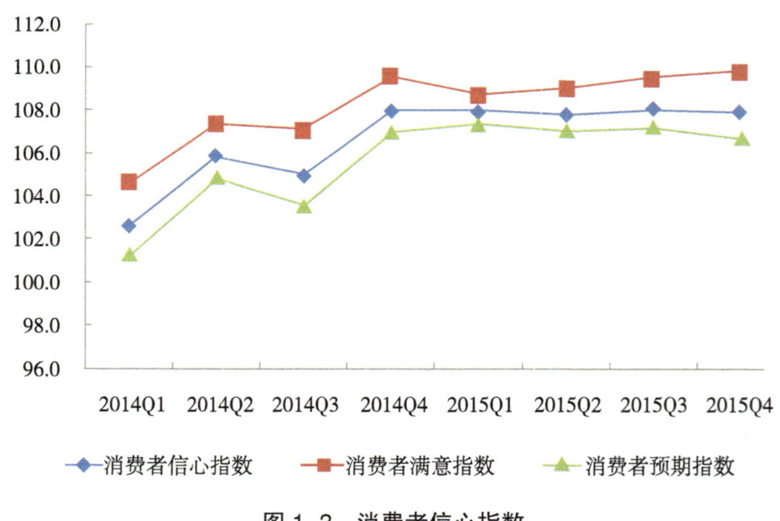


图 1-3　消费者信心指数

★数据来源：《北京市统计年鉴》。

## （二）国际贸易结构持续优化

### 1. 服务贸易进出口增长较快，文化贸易出口增长显著

服务贸易继续保持快速增长势头。2015 年，北京实现服务贸易总额达 1302.8 亿美元，同比增长 17.8%，占本地对外贸易中的比重达 29%，占全国服务贸易中的比重达 18.3%。服务贸易逆差有所扩大，达到 321.4 亿美元。其中，服务出口额达 490.7 亿美元，同比增长 12.8%，占全国服务出口总额的比重达 17%；服务进口额达 812.1 亿美元，同比增长 21%，占全国服务进口总额的比重达 19.1%。北京服务外包合同数与执行金额都有所下降。全年离岸服务外包合同执行金额达 45 亿美元，同比下降 15.5%。全市技术贸易合同金额达 106.2 亿美元，同比下降 9.6%。全市文化贸易额达 30.28 亿美元，同比增长 3.6%。

知识密集型与新兴服务出口稳定增长。2015 年，北京知识密集型服务领域出口 354.7 亿美元，占服务贸易出口比重达到 72.3%；新兴服务领域出口 265 亿美元，占服务贸易出口比重达到 54%。

对外文化出口实现两位数增长，贸易顺差进一步扩大。2015 年，对外文化贸易总额达 30.28 亿美元，同比增长 3.6%。其中，进口 16.93 亿美元，同比下降 7.5%；出口 13.35 亿美元，同比增长 22.2%。全市核心文化服务进出口总额 23.02 亿美元，同比增长 2.6%。其中，进口 11.66 亿美元，同比下降 11.6%；出口 11.36 亿美元，同比增长 22.9%。全市核心文化产品进出口总额 7.26 亿美元，同比增长 6.7%。其中，进口 5.27 亿美元，同比增长 3%；出口 1.99 亿美元，同比增长 18%。

### 2. 货物贸易止跌回稳，出口结构持续优化

2015 年，北京地区货物进出口 3195.9 亿美元，同比下降 23%（全国为 –8%）。其中，出口 546.7 亿美元，同比下降 12.3%（全国为 –2.8%）；进口 2649.2 亿美元，同比下降 25%（全国为 –14.1%）。进出口下降主要由以下原因造成：大宗商品价格持续下跌、特殊经营企业进口同比下降 99%、产业转移造成原第一大出口商品手机出口同比下降 53.6%。四季度外贸稳增长初显成效，11 月、12 月当月出口连续实现正增长，分别增长 5%、18%，高于

全国水平。

主要进出口商品量增价跌。成品油、钢材、集成电路出口数量分别增长31.8%、47.6%、24.8%，但出口价格分别下跌38.8%、25.1%和21.5%。原油、铁矿砂和粮食进口数量分别增长8.1%、9.2%和88.2%，但进口价格分别下跌45.7%、39.5%和17.5%。

出口结构更加优化。一般贸易出口299.5亿美元，同比增长5.6%，占全市出口总额54.8%，较上年同期提高9.3个百分点。“双自主”企业出口88亿美元，占比达16.1%，比上年提高2.6个百分点。出口5000万美元以上的“双自主”企业共27家，其中有13家保持两位数以上增长。

对新兴市场出口增势良好。对拉丁美洲、大洋洲以及委内瑞拉、阿根廷出口分别增长1.5%、55.7%、30.7%、58.5%，占出口总额比重分别较上年同期提高1.3个百分点、1.1个百分点、1.0个百分点和0.4个百分点。

民营企业进出口均增长。民营企业进出口增长11.7%，占进出口总额比重7.8%，较上年同期提高2.4个百分点。其中，出口96.3亿美元，增长23.2%，占出口总额17.6%，占比较上年同期提高5.1个百分点。

地方企业出口多于中央企业。地方企业出口294.3亿美元，占地区出口总额53.8%；在京央企出口252亿美元，同比下降8.5%，占地区出口总额46.1%。

## （三）国际双向投资高质量增长

### 1. 引资规模持续增长，引资结构和方式进一步优化

2015年，实际利用外资当年首次突破100亿美元、累计突破1000亿美元。全市新设外商投资企业1386家，同比增长5.2%；实际吸收外资130亿美元，同比增长43.8%，连续14年保持增长，占全国份额由“十一五”末的6%升至10%。大项目平均入资金额大幅提高。75个千万美元以上的大项目入资121亿美元，同比增长62.4%，占全市实际外资的93.1%，项目平均入资1.6亿美元，同比增长2倍。

引资结构进一步优化。金融、科技等服务业扩大开放重点领域吸收外资大幅增长。服务业新设外商投资企业1350个，同比增长5.4%；入资123.2亿美元，同比增长55.4%，占

全市实际利用外资 94.8%。服务业扩大开放六大重点领域新批项目 1068 个，实际入资 95.5 亿美元，分别增长 10.2% 和 62.5%，分别占全市 77.1% 和 73.5%；其中金融、科技领域入资分别增长 15.7 倍和 14%，分别占全市 56.4% 和 7.6%。

并购、增资、跨境人民币投资成为引进外资的重要方式。以央企并购方式引入外资 90.7 亿美元，占全市实际外资 69.8%。全市 962 家存量企业增资达 187.9 亿美元，占全市合同外资 58.1%。以跨境人民币方式投资企业 38 家，投资额 46.6 亿元人民币，占全市实际外资 5.8%。

总部、研发机构等高端功能性机构继续聚集。2015 年，北京新增外资总部企业 9 家，累计达268家，其中155家为本市认定的境外跨国公司地区总部；新增外资研发机构29家，累计达 532 家。新增境外跨国公司总部企业和研发机构 38 家，累计达到 800 家。新增世界 500 强企业投资项目 20 个，累计有 287 家世界 500 强企业在京投资了 718 个项目。

投资来源地和引资区域相对集中。香港实际投资 99.3 亿美元，占全市 76.4%，主要投向金融、科技、商务和信息服务等领域。英属维尔京群岛实际投资 19 亿美元，占全市 14.6%。“一带一路” 64 个国家和地区在京实际投资 1.7 亿美元，占全市 1.3%。城六区引资 116.5亿美元，同比增长66.6%，占全市实际利用外资89.6%。其中朝阳区引资93.4亿美元，同比增长 1.4 倍，占全市 71.9%，主要投向金融服务和商务服务领域；海淀区引资 13 亿美元，占全市 10%，主要投向科学技术服务、互联网和信息服务领域。

### 2. 对外投资多元化高速发展

境外直接投资创历史新高。2015 年，全市企业在 57 个国家和地区的 581 家境外企业累计直接投资额达 95.55 亿美元，同比增长 74.95%，境外投资国家和地区、新设企业数量及累计投资额均创历史新高，且境外投资大项目不断涌现。亚洲和美洲地区投资平稳，依然是全市企业境外投资集中地区。欧洲、大洋洲和北美洲地区投资增长迅速，累计境外直接投资额较 2014 年分别增长 3.1 倍、3 倍和 1.7 倍。

对外投资呈现多元化发展。传统行业投资稳步发展，科技、文化“走出去”趋势显现。信息传输、软件和信息技术服务业，文化、体育和娱乐业境外投资增速分别较 2014 年增长 6.4 倍和 10.5 倍。跨国并购成为对外投资的重要方式，2015 年，北京参与国际并购的案例达到 204 个，是 2014 年全年并购企业数量的 3.5 倍，中方协议投资额 112.48 亿美元，为 2014 年协议投资额的 6 倍。其中，科技和文化类跨国并购不断涌现。

知名品牌国际化趋势不断深化。王府井百货、北京华联等北京知名品牌零售企业的零售网络向国外延伸；首创集团、汉能控股、泛海国际等投资企业在欧美发达国家投资领域不断扩大；北汽福田等多家制造企业也积极拓展国际业务，提升企业品牌的国际影响力。

“一带一路”战略推动对外经济合作高速发展。2015 年，全市企业在“一带一路”沿线 17 个国家累计直接投资额 4.96 亿美元，同比增长 1.5 倍，远超全国在“一带一路”沿线国家投资 18.2% 的增速。2015 年，全市企业在“一带一路”沿线 34 个国家开展对外承包工程项目显著增多，新签合同额 18.36 亿美元，完成营业额 12.29 亿美元，其中 5000 万美元以上对外承包工程项目共 8 个。北京 4 家企业入选全球最大 250 家国际承包商。根据 2015 年度 ENR（《工程新闻记录》）全球最大 250 家国际承包商排名，中国共有 65 家，北京有 4 家企业上榜，分别为中地海外集团有限公司、北京建工集团有限责任公司、北京城建集团有限责任公司、北京住总集团有限责任公司。

对外劳务合作保持规范有序发展。全年外派各类劳务人员 15503 人，期末在外劳务人员 34183 人，实现对外劳务合作收入 1.6 亿美元，期末在外人数及劳务收入同比分别增长 16% 和 200%。

## 二、北京商务发展基础体系

### （一）城乡便民商业体系

2015 年，北京成为全国首个服务业扩大开放综合试点城市，并制定实施《北京市提高生活性服务业品质行动计划》。以提升生活性服务业品质为契机，北京城乡便民商业体系获得了进一步的发展，实现了民生商业的便利化、规范化、特色化发展。

#### 1. 社区便民商业便利性显著提升

社区便民商业覆盖率稳步提升，保障了居民基本公共服务。2015 年，全市建成 207 个“一刻钟社区服务圈”示范点，累计建成 1236 个，社区覆盖率达 80%；新建和规范提升

775个便民商业网点，基本实现便利店（超市）、早餐、蔬菜零售、洗染、美容美发、家政服务、代收代缴和再生资源回收基本便民服务在城市社区的全覆盖。

便民餐饮业服务水平显著提高，大众化餐饮普及获得新发展。市商务委在朝阳、丰台和大兴区开展早餐示范工程，新建或改造154家早餐经营固定门店、110家连锁便利店搭载早餐服务、9家主食加工配送中心；支持大众连锁餐饮企业新建或改造主食加工配送中心5个，新建连锁餐饮店铺20个，建设智慧型餐饮自提柜100余个。

城市物流配送网络不断完善，便民配送网点逐渐增加。2015年，全市累计建立末端配送网点260余个、智能快件箱200多组，服务于上千社区与高校，满足百姓对城市末端“最后一公里”的配送需求。

### 2. 生活性服务业规范性逐渐强化

生活性服务业规范标准发挥引领作用，指导生活性服务企业规范化发展。2015年，市商务委指导家政、洗染等生活性服务业行业协会进一步完善企业开业条件、经营管理规范、岗位服务标准等；评定了19家家政服务星级门店，鼓励家政服务行业规范化、规模化、连锁化、标准化管理。

职业人才培养与岗位技能培训顺利开展，为行业规范化发展提供人员基础。市商务委支持并引导家政、洗染、美容美发、家电维修、摄影、沐浴6类生活性服务业进行职业培训，累积培训人员6.1万人次；开展商业服务业服务技能大赛活动，参加人次达35万。

家政服务体系规范性显著提升。2015年，“北京家政服务网”实现升级改造，涵盖10大类50余小类的家庭服务，服务辐射16个区，网站累计访问量超过800万次，网站和电话热线受理咨询单累计超过295万次；建立了家政服务员输入基地，有组织、有规模、有秩序地输入家政服务员，提高了劳动力流动的组织化程度；开展了“春节保供”活动，保障春节家政服务市场，累计服务市民100余万人次。

再生资源回收日趋规范。在2014年再生资源回收站点整治成果的基础上，再生资源经营管理得到了进一步强化，整改回收站点数682个，清理无照经营废品回收点351个；积极推进垃圾分类与再生资源回收管理结合，有序推进再生资源回收和垃圾分类管理体系的融合试点工作。

### 3. 传统便民商业发展呈现新特点

在传统便民商业发展中引入“互联网 +”模式，增加服务发展活力。面向消费者的行业公共服务平台项目的建设获得大力支持，多种 O2O 便民服务得到推广，进一步满足居民多元化服务需求；对 30 家生活性服务业重点企业调查显示，70% 的企业已经建立信息化平台，并开始探索线上业务，特色化“互联网 + 生活性服务业”新模式不断涌现。

便民服务综合体发展模式创新，服务品质获得提升。东城区、西城区等建设了东直门“生活性服务业一条街”等 18 个便民服务综合体；培育庆丰包子、护国寺小吃、丰大农业、好邻居便利店等知名连锁企业，支持社区便民服务；“北京品牌新品展示发布系列活动”成功举行，组织与民生关系密切的知名品牌企业进社区，提升社区便民服务品质。

## （二）农产品流通体系

### 1. 农产品流通市场体系建设持续升级

2015 年，市商务委设立农产品流通产业发展基金，以促进全市公益性农产品批发市场建设。2015 年底成功投出 3500 万元用于北京农产品中央物流园公司北京鲜活农产品流通中心项目建设；此外，新发地农产品批发市场也已启动升级改造。全市蔬菜零售网络进一步完善，新建蔬菜零售网点 220 个。

### 2. 农产品销售渠道进一步拓展

农超对接取得显著成效。2015 年，物美、京客隆、超市发等 14 家超市农超对接果蔬农产品直采规模达 28 万吨，同比增幅超过 15%；骨干超市企业、电商企业与大兴、顺义西瓜生产合作社和昌平苹果生产合作社合作，帮扶农民解决“卖难”问题，销售西瓜 40 万斤，销售苹果预计达到 100 万斤；北京市商务委组织超市、批发市场和流通企业参加多次农产品对接洽谈会，畅通农产品销售渠道。

农产品电商创新发展。农产品骨干合作组织、生产企业与电商企业的对接平台逐渐建立，果蔬、水产等特色农产品在电商平台上线营销；大兴西瓜、平谷大桃等地方特色产品网上销售渠道建设强化，与电商企业合作建设线上线下相结合的高端农产品电子商务。

#### 3. 农产品物流体系现代化程度加深

郊区商品流通网络供应链管理平台逐渐完善。更多的供应商进入郊区市场，多家零售店铺加盟郊区联合采购平台，形成适合北京郊区流通网络体系发展的供应链运营机制。“万村千乡市场工程”升级改造与联合采购获得新进展。2015 年，郊区现代流通网络总销售额达 57 亿元，联合采购金额达 21 亿元。

“工业品下乡”与“农产品进城”双向互动的农产品流通体系逐渐形成。以“万村千乡”网点和邮政网点作为物流配送节点，为“工业品下乡”提供有力的物流体系支撑；推动“万村千乡”网点与龙头电商企业对接，探索利用“万村千乡”网点作为配送节点，为农民提供商品配送服务。

#### 4. 农产品产销合作稳步扩大

与粮食主产区产销合作关系稳固发展。2015 年，北京与河南、河北、黑龙江、吉林等主产区加强产销合作，建立稳定的产销合作关系。北京市商务委组织企业参加了“长春松花江大米推介会”和“2015·黑龙江金秋粮食交易合作洽谈会”；委托主产区代购代储市储备小麦 2 万吨、稻谷 3 万吨；加大政策引导和资金扶持力度，推动粮源基地提质增效，外埠粮源基地数量达到 244 个，一手粮源年收购量近 300 万吨。

蔬菜保供联合行动顺利进行。2015 年 1 月至 3 月，市商务委会同市农委、中国蔬菜流通协会与天津、河北、海南、广西等供京蔬菜主产区政府开展第五次蔬菜保供联合行动，累计增加蔬菜供应总量约 16.81 万吨，日均增加 2802 吨，增幅 10.7%，保障了春节和全国“两会”期间首都市场蔬菜货源充足、供应稳定。

### （三）市场供应保障调控体系

#### 1. 生活必需品市场供应运行平稳

北京粮油、肉蛋、蔬菜等主要生活必需品货源充足、储备到位，市场供应总体运行平稳。市场监测制度进一步完善，市场预警及时。北京市商务委对重点批发市场、大型连锁超市、规范化社区菜市场和直营直供新模式等样本企业蔬菜等生活必需品市场供应量进行持续监测，并根据需要适时扩大监测商品范围和缩短监测时间，提供市场波动预测与预警信息，为政府决策提供可靠依据。产销合作巩固扩大，生活必需品货源得到保障。与供京生活必需品主产地农合组织对接加强，产销合作机制获得扩大与巩固，保障了首都市场供应。

### 2. 应急保障能力持续增强

政府储备管理不断完善。2015—2017 年北京生活必需品等政府储备承储企业资质公开招标顺利完成，重新确定 25 家政府储备商品承储企业；印发《关于加强生活必需品等政府储备仓库（含冷库）安全生产管理工作的通知》，企业储备仓库安全生产管理加强；政府储备检查进一步强化，确保储备商品“储得住、管得好、调得出、用得上”。

蔬菜储备规模迅速扩大。2014—2015 年，蔬菜政府储备增加 11000 吨，储备总量达 51000 吨，应急供应天数达到 5 天，基本达到国家四部委“政府储备满足 5 至 7 天日常需求量”的要求。

应急投放体系管理逐渐完善。2015 年全市核查 236 个应急投放网点和 12 个应急投放集散地，确保应急投放网络畅通；完善应急商品数据库，数据库样本企业达 41 家，应急商品数据库监测涉及食品、生活用品、救生器类、救灾物类等四大类 31 种应急商品。

### 3. 成品油市场监管逐渐增强

成品油市场经营管理强化。2015 年北京市商务委共审批成品油零售经营企业行政许可 322 件，初审成品油批发、仓储及原油经营资格行政许可事项 14 件；完成 942 家成品油、原油经营企业经营资格检查工作；“先证后照”工作得到落实，制定“成品油先照后证后续管理工作方案”。

日常监督检查力度加强。2015 年上半年，在“车用汽柴油专项整治”活动中，北京市商务委对成品油企业供油协议、购销台账、油品来源及证书管理为重点加大检查力度；会同商务执法监察大队加强对全市油库进行现场摸查；配合市公安局、安监局等部门联合执法检查，维护成品油市场秩序；加强京Ⅴ标准成品油供应检查，会同商务委执法大队检查成品油经营企业210家，出动检查人员550人次；基于《北京市2013－2017年清洁空气行动计划》，配合市环保局、市质监局制定京Ⅵ标准车用燃油各项指标。

#### 4. 食品安全水平进一步提升

肉菜追溯试点继续完善，项目实际运行情况良好。2015年，依据肉菜追溯建设试点总体目标，将部分生猪产品中外埠肉及分割肉纳入追溯体系建设试点；针对超市门店“不开机、未录入”问题，北京市商务委组织召开22家试点连锁超市（共计319家门店）和追溯系统运维公司集体约谈会，明确连锁超市、运维公司和市商务委的三方责任，保障追溯系统有效运行；肉菜追溯试点建设项目顺利通过商务部中期评估。

“放心食盐进社区”工作持续推进，大力推广低纳盐。北京市商务委指导和配合中盐北京盐业公司，继续“放心食盐进社区”和大型餐饮企业、餐饮示范街食盐直达配送工作，继续在全市范围开展推广使用低钠盐工作。

## 三、北京商务发展运行特色

### （一）促进消费拉动经济增长

2015年，北京继续开展各项促进消费的工作，以“稳增长、调结构、惠民生”为基本目标，在整体经济环境逐渐复杂化的条件下，较好地推动了消费市场的平稳增长，对北京经济增长发挥了重要的拉动作用。

#### 1. 消费导向的政策体系继续完善

2015年，北京市商务委出台了促消费“八方面、十五条”政策措施。主要针对引导节能减排、推动转型升级等八个促进消费的核心方面，提出十五条相应的具体实施措施。促消费与产业发展相配合，以消费为导向的产业发展政策被进一步细化和发展。促进消费的财税政策得到了进一步的规划和完善，境外旅客购物离境退税政策加快落实，以拉动外来消费；研究探索将天津自贸区相关优惠政策延伸到北京，扩大进口商品消费。积极的消费引导政策进一步明确，包括节能减排消费、文化消费等有利于经济可持续发展的科学消费理念被落实于多项具体措施，确保消费增长对经济发展的积极作用。

### 2. 消费环境持续改善

居民消费购物环境得到优化。2015 年早餐工程持续开展，餐饮业连锁化、便利化、品牌化及规范化发展，全市餐饮业服务品质显著提升；优质服务商店建设取得进展，北京商业诚信体系获得优化，有效拉动外来消费。市场监管显著加强，保障健康消费环境。2015 年，北京保持打击侵权假冒高压态势，全市行政执法部门办结案件 4019 件，捣毁制售假冒伪劣产品窝点 255 个；行业监督执法力度加大，实施行政处罚 651 件；完善促销监管，检查商业企业 415 家，现场纠正不规范促销行为 15 件；完成“12312”热线与“12345”热线平台整合，全年接收举报投诉 2772 件，其中受理预付卡类案件 1509 件，办结率 100%。

### 3. 积极培育新的消费热点

2015 年，通过多种促消费活动与政策支持，北京服务型消费得到大力推进。以民生服务业作为突破点，以电子商务、网络销售、新能源消费等为增长点，有效地刺激了消费增长，为经济发展注入了新活力。

创新式促消费活动拉动消费增长。2015 年，北京市商务委组织开展了北京国际美食汇、北京电子商务大会、各地商品网上大集、新能源汽车促销季等九项全市大型促消费活动。其中，各地商品网上大集创新促消费形式，通过网络平台整合 200 家企业、830 余种特色商品，活动期间订单金额达 3769 万元。

绿色消费成为新的消费热点。在新能源汽车促销季活动中，现场达成购车意向近 300 辆，车辆总价 3000 余万元，活动后新能源汽车消费显著增加。节能减排商品销售大幅增加，截至 2015 年底，施行节能减排政策 35 天，累计销售节能减排商品 12.55 万台，销售金额 4.505 亿元，日均销售 1287 万元，同比增长近五成。

## （二）内贸流通现代化步伐加快

### 1. 电子商务发展取得新进展

网上零售规模迅速扩大。2015 年，北京限额以上批发零售企业网上零售额达 2016.9 亿元，同比增长 40.2%，占全市社会消费品零售总额的比重 19.5%，比上年提高 3.5 个百分点；拉动社零额增长 6 个百分点，对社零额增量的贡献度达 82.2%。电子商务示范体系得到完善，电子商务服务支撑体系继续发展。2015 年 3 个电子商务园区入选国家电子商务示范基地，19 家企业入选 2015 至 2016 年度电子商务示范企业，累积入选企业数量和涵盖电商品类均居全国首位。全市共有 8 家电子认证服务机构，56 家第三方支付机构，其中跨境电子商务第三方支付试点机构 9 家，数量均居全国首位。

电子发票创新运用不断推进，电子商务诚信体系建设升级。2015 年，全国升级版电子发票开始应用，年内开出电子发票 1.5 亿张，开票金额近 650 亿元。中国电子商务（北京）诚信联盟成立，电子商务可信交易保障公共服务平台建设正式启动。

电商公共服务平台发挥显著作用。年内成功举办的中国（北京）电子商务大会、“点击消费”活动、商业服务业技能大赛等活动，为电子商务持续发展提供了良好的服务平台。

### 2. 老字号传承创新发展

老字号品牌影响力获得提升。2015 年，第二批北京老字号的认定和计提商标授权顺利进行，全市累计中华老字号 117 家，北京老字号 166 家；老字号技艺传承继续推进，老字号企业中进入国家级非物质文化遗产名录 32 项、市级 54 项，拥有国家级“非遗”生产性保护示范基地 4 个；多种展会、洽谈会扩大老字号品牌影响力。

老字号持续创新发展。通过搭建老字号公众服务平台，支持老字号企业运用连锁经营、电子商务等现代流通方式拓展营销渠道。截至 2015 年，共有 19 家企业在京东商城开设旗舰店，232 个老字号门店入驻百度外卖平台。老字号企业参与申冬奥境外展示工作，北京老字号国际品牌知名度获得提升。

### 3. 物流业调整升级

物流标准化试点获得新发展。2015 年，北京积极推动物流标准化试点，确定 29 家试点企业。物流标准化托盘使用量实现快速增长，29 家试点企业标准托盘量提高 39.5%，完成带托运输超过 100 万板次；物流效率大幅提升，试点企业人工效率提高 50% 以上，货物破损率明显降低，装卸人员成本降低 50% 以上；新增交接货免验收企业（门店）400 余个，货物装卸效率、交接效率平均提高 2 倍以上。

电动物流车示范运营稳步推进。2015 年，北京出台多项政策标准，明确了对纯电动物流车购置的补贴政策，推动解决纯电动物流车上路通行权限问题。共有 8 家企业列为 2015 年北京电动物流车运营试点企业，推广纯电动物流车超过 500 辆。

### 4. 内贸流通秩序持续改善

市场秩序规范管理加强。2015 年，北京市商务委开展了重要节日、重点时期促销活动专项检查，购物返券、限时限量等违规促销行为明显减少。单用途商业预付卡备案管理加强，年内共审核预付卡季度业务报告 450 份，备案企业 153 家，现场检查备案企业 120 多家，协调解决 1500 余起举报投诉。零售商供应商公平交易得以维护，12312 举报投诉平台接受举报投诉 11 起，咨询电话 118 次。

商务领域诚信建设取得显著成效。2015 年，北京市商务委组织开展“多种形式活动，促进商业服务业诚信体系建设；积极推进商务系统企业许可资质信息、行政处罚信息的归集和公示工作；推进全市信用联合惩戒机制建设。

大宗商品现货市场规范化发展。2015 年，北京市商务委会同相关部门开展大宗商品交易场所联合执法检查，组织开展大宗商品现货市场检查 50 余家次。全国棉花交易市场推出的中国棉花价格指数对国际棉花价格产生重大影响。

## （三）外贸发展环境优化

### 1. 跨境电子商务发展模式优化

跨境电子商务监管模式优化升级。2015 年 6 月，北京跨境电子商务公共信息平台实现全部功能上线运行，实现了跨境电商交易的电子信息化管理和政府部门之间的信息共享。年内已有93家企业在平台备案，通过公共信息平台的个人直购进口12.16万票、金额3200多万元，涉及225个进口国家和地区。对监管场所实施负面清单管理、“通道式验放”和便利备案、便利申报、便利放行监管模式，国门商务区、北京站跨境电商监管场所已经投入使用。

运作模式创新推动特色化发展。企业打造创新型O2O直购体验店、搭建平台对接境外知名品牌电商平台和主流营销渠道、构建跨境电商综合服务平台，均取得了良好的收效。2015年，仅“小笨鸟”平台注册企业21.6万多家，出口额超过4亿美元。跨境平台电商、物流服务、金融服务为特色的外贸综合服务平台建立，天竺综合保税区、亦庄保税物流中心等跨境电商产业园区发展加快。

### 2. 政策优化推进外贸持续发展

政策引导机制进一步强化。北京建立了外经贸发展担保平台，推进设立外经贸发展引导基金，支持外贸企业、特别是“双自主”企业发展。2015年，共完成1152家次企业3994个项目中小企业及“双自主”企业国际市场开拓资金项目资金拨付审核工作，支持金额合计9784万元人民币。通过市区两级商务部门、商协会、互联网络和政策培训会等多种渠道对“双自主”企业进行调查，对外贸基地内重点企业开展跟踪服务，加大支持政策倾斜，更好地促进龙头企业、“双自主”企业发展。2015年“双自主”企业出口占比达到16.1%，比上年提高2.6个百分点。出口信保政策持续优化。统一投保短期出口信用险范围扩大至300万美元以下的小型出口企业，风险保障由3万美元提高到8万美元，赔付比率由60%提高到80%，享受政策企业扩大到5900余家，北京出口信用保险企业覆盖面超过82%。对本市“双自主”出口企业给予下调10%的保险费率、优先满足限额、优先处理赔案等支持。

### 3. 外贸便利性显著提升

出口退税分类管理得以落实。2015年，依据北京出台的《关于进一步推进出口退（免）税快捷服务促进外贸加快发展的意见》，约2000家企业被评定为一类和二类企业，其中一类企业100余家，可实现2个工作日内退税。年内全市办理出口退（免）税307.1亿元，增长 18.7%，其中一类企业出口退（免）税 165 亿元，占全市出口退（免）税的 53.7%。

通关建设取得实质性进展。京津冀通关一体化改革继续深化，在京总部企业全国通关一体化开始试点。2015 年，北京口岸监管货物 4274.3 万吨，同比增长 103.4%；北京地区企业通过京津冀口岸进出口货物 1108.2 亿美元，占进出口总值比重 34.7%，比 2014 年提高 4 个百分点。出口管理机制获得改进。2015 年，北京海关先后清理取消了 ATA 单证册调整费等 8 个收费项目，实施目录清单管理和依法依规收费。进出口行政审批简化，办理时限缩短。现有 7 项进出口许可证均属于不收费项目，加工贸易许可证立等可取，自动进口许可证全部实现网上申报，2/3 以上的批准证实现无纸化。

#### 4. 口岸功能进一步完善

口岸体系整体运行良好。2015 年，北京口岸海关监管进出口货物达 4274.3 万吨，增长 103.4%；出入境人员达 2329.7 万人次，增长 5.2%。京丰台货运口岸铁路专用线集装箱运输功能恢复，全年累计海关监管进出口货物 1.78 万吨，增长 2.5%；北京朝阳口岸海关监管货物 11.6 万标箱，增长 1.6%；平谷国际陆港海关监管货物 3.1 万标箱，下降 1.4%。

口岸建设取得重大进展。2015 年 1 月，平谷国际陆港获批国家进口冷冻水产品指定口岸，并成功落实“一次申报、一次查验、一次放行”便利通关模式，在 5 个工作日内完成进口肉类产品检验检疫，比在天津检验检疫缩短至少 3 天。通州口岸建设取得实质性进展。

## 四、北京商务发展动力分析

### （一）落实首都城市战略定位，非首都功能疏解有序推进

#### 1. 严格控制商品交易市场增量

2015 年北京市商务委对《北京市新增产业的禁止和限制目录（2014 年版）》进行修订，扩大了商品交易市场限制范围，在全市范围内禁止商品交易市场的新建和扩建（符合规定的社区菜市场、农贸市场等农产品零售网点、符合规定的农产品批发市场以及对城市运行及民生发挥重要作用的项目除外），严格控制市场增量。

### 2. 引导存量商品交易市场调整升级

按照提高生活性服务业品质行动计划安排，2015 年北京市商务委制定下发了《关于开展商品交易市场调整提升的工作意见》，指导区县商务委做好商品交易市场摸底，查找重点问题，确定工作重点，制定实施计划，推动中心城区传统商品交易市场调整升级。

### 3. 区域性批发市场转移疏解取得阶段性成果

2015 年北京完成调整疏解商品交易市场 150 个，其中清退、拆除市场 80 个（含 20 个，计 3.5 万平方米未取得市场营业执照的“伪市场”），营业面积 55 万平方米；对 70 个市场进行转型、升级和改造。

2015 年为推动动物园批发市场、天意、大红门地区市场等第一批区域性专业批发市场的转移疏解工作，西城、丰台区成立了专门机构，对市场定位、发展方向、调整疏解的路径、方法等进行研究探索，北京市商务委积极搭建工作协商和信息交流平台，协调相关部门共同推动转移疏解工作，并取得阶段性成果。2015 年动物园地区批发市场共完成撤市 12.6 万平方米，升级 8 万平方米，累计撤市、闭市 7 个市场主体。天意小商品批发市场已完成 1.04 万平方米的清退任务。大红门地区关停方仕鞋城、鑫海鞋城、世贸天地国际皮革城、天海服装批发市场 5 个市场，拆除京都轻纺城和锦绣连发布艺市场，查封三营门建材城，关停拆除建筑面积 15.55 万平方米，涉及商户 4081 户，从业人员约 11800 人。与此同时，北京市商务委加强与东城、朝阳等区的联系，有序完成了红桥天乐玩具市场、西直河石材等市场的转移疏解工作，在疏解西直河石材市场过程中，充分发挥石材协会、石材商会作用，强化组织体系，加强舆论宣传，及时为商户的外迁转型提供信息服务，在短时间内取得重大进展，已拆除面积 100 多万平方米，基本完成市场腾退。

### 4. 加强转移对接促进京津冀市场一体化

2015 年 4 月 28 日，北京市商务委组织东城、西城、丰台、朝阳和海淀区商务委及西城区北展指挥部、丰台区大红门疏解办等单位赴河北保定参加京冀区域市场转移承接对接活动，与石家庄、承德等 12 个市县政府部门和企业进行了交流对接。7 月 24 日，京津冀三地商务部门在天津召开了第二次工作对接会，签署了《关于进一步推动落实京津冀市场一体化行动方案的天津共识》，共同促进非首都功能及相关流通产业向京外地区有序转移。

#### 5. 服务外包疏解工作初见成效

2015 年北京 15 家本土外包企业初步完成了在全国的布局，在各地设立分支机构 119 个。服务外包企业在向全国 21 个服务外包示范城市设点布局的同时，也开始注重向非服务外包示范城市扩展，如长春、青岛、宁波等三、四线城市转移。北京的服务外包企业已初步形成了高端业务在北京、中低端业务在外地的格局。

### （二）京津冀商务合作深入发展

#### 1. 深化区域农产品流通合作协同发展

贯彻落实北京与有关区域合作的要求和京津冀协同发展战略，扩大超市、电商平台与农产品骨干合作组织、企业对接，拓展本市销售渠道，不断完善农产品流通体系建设。2015 年组织超市、批发市场和流通企业参加山东兰陵、河北承德、河北廊坊、河北张家口、内蒙古乌兰察布、广西南宁的农产品对接洽谈会和在北京举办的四川遂宁、四川宜宾和陕西省、云南省、黑龙江省等地特色农产品对接洽谈会，丰富了市民的“菜篮子”和“果篮子”。2015 年 1–3 月组织本市骨干超市、电子商务企业和老字号企业开展援助销售丹江口水库“爱心鱼”活动，永辉、物美、超市发、中粮我买网等企业积极销售“爱心鱼”受到市民的欢迎。与市农委合作对农业合作组织进行培训，共培训内蒙古、河北等地骨干农业合作组织近 300 人，带动合作组织 200 个，涉及农户 5000 户，帮扶了农民。积极搭建培训的承德平泉农产品骨干合作社与北京 2 家企业的对接平台，畅通了当地绿色、安全农产品销售渠道。

#### 2. 推动区域物流协同发展，积极疏解区域性物流设施

围绕《京津冀协同发展规划纲要》工作任务，积极疏解区域性物流设施。初步统计，截至 2015 年底，大兴、东城、丰台、昌平、海淀，共疏解物流功能用地面积约 66 万平方

米。昌达等企业已在津冀区域规划建设物流设施约 45 万平方米。北京市商务委与统计局开展了城六区物流设施现状调查，为疏解区域性物流设施掌握了基础材料。面向超市企业、大型食品生产加工企业，开展了环京鲜活农产品物流设施专项调查，了解本市大型超市连锁企业以及农业部门在环北京周边蔬菜基地物流设施建设情况；赴河北固安实地了解农产品基地物流设施情况，为启动和有效推动“环京津 1 小时鲜活农产品物流圈”建设掌握了第一手资料。

#### 3. 服务外包京津冀协同发展初见成效

为贯彻落实“鼓励服务外包、健康养老等部分新兴服务业向北京之外有交通、环境、空间、劳动力等支撑条件的地区转移发展”等工作任务要求，主动加强与京津冀等地政府、社会组织、企业和社会各界的联系和交流，到河北省秦皇岛市经济技术开发区进行了实地调研，探讨了两地服务外包产业合作的可行性与合作模式等；与河北省商务厅联合中国服务贸易协会、中关村科技园区管理委员会、河北省服务贸易和服务外包协会、北京服务外包企业协会等单位举办的“京冀服务外包和商务服务业合作对接会”，8 个服务外包示范园区、13 所服务外包示范学院和 200 余家企业代表进行了现场对接、交流，并有 26 个项目达成了合作意向，22 个合作项目进行了现场签约。

### （三）重点改革成效明显

#### 1. 争取服务业扩大开放综合试点

国务院批复北京服务业扩大开放综合试点。2015 年 5 月 5 日，国务院印发《国务院关于北京市服务业扩大开放综合试点总体方案的批复》（国函〔2015〕81 号，以下简称《总体方案》），同意在北京开展服务业扩大开放综合试点，北京成为全国首个也是目前唯一一个开展服务业扩大开放综合试点的城市，与自贸试验区、粤港澳服务贸易自由化共同成为国家构建开放型经济新体制的重要探索。

服务业扩大开放综合试点实施方案落地。2015 年 9 月 13 日，商务部与北京市共同印发《北京市服务业扩大开放综合试点实施方案》（京政发〔2015〕48 号，以下简称《实施方案》)，明确了141项具体试点任务。根据《实施方案》，编制了《北京市服务业扩大开放综合试点任务分工》。同时，采用走访、信息编报、会议交流、联络推动等方式，推动市级各相关单位落实各项试点措施。截至2015年底，141项任务中，33项已经启动实施。

国务院在北京暂时调整相关行政法规。2015年10月15日，国务院印发《关于在北京暂时调整有关行政审批和准入特别管理措施的决定》(国发〔2015〕60号)，对北京市服务业扩大开放综合试点首批11条开放措施中部分由行政法规或经国务院批准的部门规章设定的行政审批和准入特别管理措施予以调整。

### 2. 出台实施提高生活性服务业品质行动计划

2015年由北京市商务委牵头制定的《北京市提高生活性服务业品质行动计划》，经第166次市委常委会议和第82次市政府常务会议审议通过后，7月29日由市政府正式印发实施。行动计划明确了加快实施品牌建设工程、营商环境建设工程、人才培养与岗位技能培训工程等三项重点工程，全面推进便民网点建设、促进新型商业模式发展、探索服务功能集成、引导业态转型升级、深化开放合作、推动绿色发展等六项重点工作。

大力推动生活性服务业规范化、连锁化、便利化、品牌化、特色化发展。便利店(超市)、早餐、蔬菜零售、洗染、美容美发、家政服务、代收代缴和再生资源回收等8项基本便民服务在城市社区基本实现全覆盖。持续加强“一刻钟社区服务圈”建设，推动服务圈向农村地区延伸，全市建成207个“一刻钟社区服务圈”示范点，累计建成1236个，覆盖2341个社区，惠及1454万社区居民，覆盖率达到80%。规范再生资源回收网点，探索推进城市垃圾分类与再生资源回收融合发展。鼓励传统社区商业和互联网融合发展，推广“悠购东城”“181便民服务站”“乐智屋”以及一站式物流平台等“互联网+社区商业”服务模式。探索便民服务综合体发展模式，东城区、西城区等建设了东直门“生活性服务业一条街”等18个便民服务综合体。培育和促进庆丰包子、护国寺小吃、丰大农业、好邻居便利店等知名连锁企业发展。支持并引导生活性服务业从业人员培训，开展商业服务业服务技能大赛系列活动。

设立北京生活性服务业发展基金。北京市商务委会同市财政局以合伙制的基金治理结构设立北京生活性服务业发展基金。基金总规模10亿元，其中财政资金出资5亿元，重点支持生活性服务业“规范化、连锁化、便利化、品牌化、特色化”发展，聚焦“互联网+生活服务业”新模式，推动移动互联网、云计算、物联网等与生活性服务业结合。

### 3. 优化调整发展总部经济的措施

积极推进经济体制改革专项任务。为完成经济体制改革专项任务“优化调整发展总部经济的措施”，召开民营总部企业、外汇集中运营管理总部企业、科技型轻资产总部企业、跨国公司地区总部等各类型总部企业的座谈会，开展专题调研，了解各类总部企业的服务需求与政策诉求，研究促进总部企业发展相关政策。召集市财政、市人力社保局、国地税等市发展总部经济联席会议成员单位，召开专题座谈会，向各单位反馈企业具体政策诉求，研究优化调整发展总部经济的措施。

落实配套服务，优化总部企业发展环境。一是积极开展总部经济资金奖励补助政策的修订工作。按照《国务院关于税收等优惠政策相关事项的通知》（国发〔2015〕25号）及相关文件精神要求，结合贯彻落实京津冀协同发展规划纲要，会同市财政局对全市现行总部经济资金奖励补助政策进行修订，并书面征求各区政府及相关委办局意见。二是开展政策对接落实配套服务。与市地税局、北京外汇管理部、北京银监局等部门开展工作对接，梳理各单位对总部企业的差别化政策，逐一落实对总部企业在外籍人员居留许可、税收遵从合作协议签署、外汇资金集中运营、财务公司设立等方面的配套服务与鼓励政策，开展总部企业服务政策集成。三是调研了解总部企业政策诉求。先后赴华润雪花啤酒、中国通用技术、罗尔斯·罗伊斯、浦项建设等各类总部企业调研，为优化调整发展总部经济措施提供依据。

健全“两个机制”与“一个平台”。一是加强与总部经济中介组织联系。召开中介组织座谈会，走访调研中介组织，了解中介组织引进总部企业情况、拟引进总部企业的线索，听取对加快总部企业在京发展的建议，健全总部企业重大项目投资发现机制。二是优化总部企业管理服务信息系统。调整优化信息系统，增加总部企业认定、总部功能、配套服务等模块，健全总部企业跟进服务机制。三是指导成立北京总部企业协会，以发挥行业协会作用，搭建总部企业交流合作的平台。2015年11月18日，由44家总部企业共同发起的北京总部企业协会正式成立。

稳步推进总部经济集聚区培育和公共服务平台建设项目工作。按照《关于2015年商业流通发展项目申报工作的通知》要求，积极做好2015年总部经济集聚区培育和公共服务平台建设项目的征集、申报、审核、评审、监督管理、验收等工作。本着公平、公正、透明的原则，严把项目审核关。2015年支持中关村软件园（海淀园）园区服务品质提升及基于GIS的企业信息公共服务平台（二期）项目、北京临空经济核心区总部企业公共孵化平台一期项目等五个项目。通过项目支持，实现园区服务水平、服务品质提升，使入驻企业数量和纳税额有所增加。

### 4. 研究制定促进本市境外投资发展的实施方案

出台《北京市关于进一步促进企业境外投资合作发展的实施方案》。2015年10月，北京市商务委与市发展改革委联合印发《北京市关于进一步促进企业境外投资合作发展的实施方案》。该方案提出“坚持企业主体、政府引导原则，坚持结构调整、转型升级原则，坚持互利共赢、共同发展原则，坚持发展与风险防控兼顾原则”四项工作原则以及九个方面的工作任务。

境外投资实行网上无纸化备案管理。深入推进“备案为主、核准为辅”投资管理体制改革和实施，进一步简化境外投资管理流程。从2015年10月开始，推行境外投资项目无纸化备案管理，备案类境外投资事项全部实现无纸化管理，进一步节省了企业办事的“脚底成本”；加强境外投资管理部门之间的沟通与协调，依法同步办理项目备案和企业备案，完善境外重大投资项目的协同服务机制，2015年市商务委备案的企业数量为上年同期的2.8倍。

### 5. 推进大通关建设改革

全面启动大通关建设改革。贯彻落实国发〔2014〕68号和国发〔2015〕16号文件精神，北京人民政府口岸办公室积极推动口岸大通关建设改革，配合筹建北京大通关建设改革协调推进机制，并与市商务委、北京海关、北京国检局等有关部门共同梳理措施，明确思路，研究制定了北京《关于落实“三互”推进口岸工作促进外贸发展的实施方案》。

开展总部企业全国通关一体服务试点。北京市商务委在深化京津冀区域通关一体化改革基础上，开展总部企业全国通关一体服务试点，实现了企业自主选择性增强、通关效率提升和企业通关成本费用大幅降低。

#### 6. 鼓励国有企业通过并购方式引入外资进行混合所有制改革

加快拓展引资方式，并购、增资、跨境人民币投资成为引进外资的重要方式。以央企并购方式引入外资 90.7 亿美元，占全市实际外资 69.8%。全市 962 家存量企业增资达 187.9 亿美元，占全市合同外资 58.1%。以跨境人民币方式投资企业 38 家，投资额 46.6 亿元人民币，占全市实际外资 5.8%。

## 五、北京商务发展质量分析

### （一）总部经济结构优化

#### 1. 总部经济引领首都经济发展

据《财富》杂志最新公布的 2015 年世界 500 强企业榜单，总部在北京世界 500 强企业数量保持 52 家，连续三年位居全球城市第一。2015 年，总部企业占全市一般公共预算收入 39.6%，比 2011 年提高了 8.1 个百分点。2010—2014 年，总部企业资产年均增长 14.7%，占全市比重由 62.2% 上升至 73.4%；收入年均增长 16.3%，比重由 55.4% 上升至 66.8%；利润年均增长 37%，比重由 49.9% 上升至 89.4%。

#### 2. 跨国公司地区总部数量小幅提升

2015 年新增认定跨国公司地区总部 2 家，截至 2015 年底，外资总部企业达到 268 家，累计认定 155 家跨国公司地区总部，有 92 家世界 500 强企业在京设立跨国公司地区总部。引入国外非企业经济组织常驻代表机构 3 家，累计达到 153 家。2015 年，跨国公司地区总部实现一般公共预算收入 139.4 亿元，同比增长 11.1%。跨国公司地区总部以占全市总部企业 3.9%的数量，完成了占全市总部企业 7.5%的一般公共预算收入。

### 3. 总部企业辐射带动能力提高

总部企业在支撑北京经济发展的同时，对京外其他区域的影响力大。辐射力指数是衡量总部企业发展水平的重要指标，反映总部企业对外扩展程度。以入选世界500强的北京总部企业为例，其业务扩散辐射力指数达到36左右，即京外经济活动总量是京内经济活动总量的36倍左右，对外辐射能力较强。中关村是本市创新型总部企业聚集区，大量高新技术企业利用北京科技资源优势在全国布局发展，做大做强。在中关村成交的技术近6成输送到京外，在京外进行成果转化，北京发挥了科技创新高地的龙头作用。

### 4. 总部经济集聚区凸显三大特征

北京7个总部经济集聚区（金融街、中央商务区、中关村海淀园、东二环高端服务业发展带、中关村电子城科技园、中关村丰台园、首都临空经济核心区）与4个总部经济发展新区（环渤海高端总部基地、兴谷开发区、雁栖开发区、密云生态商务区）共入驻总部企业1815家，占全市总部企业总数的46.1%。集聚区总部经济发展凸显三大特征。一是总部企业贡献突出，二是科技创新能力不断增强，三是总部新区发展势头良好。

## （二）外贸结构持续转型升级

### 1. 服务贸易加速高端化发展步伐

北京服务贸易结构不断优化，逐步从传统服务贸易向高附加值、高技术的现代服务贸易领域转移。北京在知识密集型和新兴服务领域均保持贸易顺差，且出口保持高速增长，2015年，北京知识密集型服务领域出口354.7亿美元，同比增长5.19%，占服务贸易出口比重达到72.3%；新兴服务领域出口266.3亿美元，同比增长8.87%，占服务贸易出口比重达到54.3%。

北京服务外包合同数与执行金额虽有所下降，但仍保持高端化发展趋势。2015年北京服务外包业务中，信息技术外包（ITO）中高附加值的软件技术研发及开发服务离岸执行额22亿美元，与2014年基本持平，但占当年离岸服务外包执行总额比重达48.9%，增长了5

个百分点，

政策扶持文化出口显著增长。全市文化贸易额达 30.28 亿美元，同比增长 3.6%。文化贸易顺差显著扩大，其中，进口同比下降 7.5%，出口同比增长 22.2%。全市核心文化服务进出口总额同比增长 2.6%。其中，进口同比下降 11.6%；出口同比增长 22.9%。全市核心文化服务中，视听和相关服务出口同比增长 96.9%，增长显著。根据商务部公示，北京 70 家企业被认定为国家文化出口重点企业，38 个项目被认定为国家文化出口重点项目。

### 2. 货物贸易出口结构优化，新兴市场出口增势良好

2015 年，北京一般贸易出口 299.5 亿美元，同比增长 5.6%，占全市出口总额 54.8%，较上年同期提高 9.3 个百分点。新兴市场出口增势良好。对拉丁美洲、大洋洲以及委内瑞拉、阿根廷出口分别增长 1.5%、55.7%、30.7%、58.5%，占出口总额的比重分别较上年提高 1.3、1.1、1.0 和 0.4 个百分点。与“一带一路”沿线国家双边贸易额在进出口总额中占比超过三成。

### 3. 外贸发展新动能正在形成

“双自主”企业 2015 年出口 88.0 亿美元，占比达 16.1%，比上年提高 2.6 个百分点。出口 5000 万美元以上的“双自主”企业 27 家，其中有 13 家保持两位数以上增长。通讯设备、集成电路、显示器、医疗器械等出口额占北京出口总额的 40%，成为新兴外贸支柱产业。此外，北京已涌现出一批极具增长潜力的新企业与新型业态，如“小笨鸟跨境电商平台”已在 45 个国家设置了 75 个站点，带动全国出口 4 亿美元；精雕科技公司坚持走高端发展路线，产品居世界领先水平，获得苹果、三星、微软等公司的认同和采用。

### 4. 跨境电子商务发展取得突破

北京跨境电子商务公共信息平台全部功能于 2015 年 6 月上线运行，实现全程交易信息电子化、政府部门之间信息共享与协调联动、全程可追溯。全年跨境电子商务邮政小包出口 8700 多万件，纳入海关货物贸易统计 13.3 亿美元。

#### 5. 短期出口信用保险支持外贸稳定增长

2015年，短期出口信用保险支持北京一般贸易出口128亿美元，同比增长9.5%。短期出口信用险项下累计向企业支付赔款1.02亿美元，同比增长126%。其中，向22家小型出口企业支付赔款1607万元。短期出口信用保险企业覆盖面居全国前列。2015年，新增投保短期出口信用保险企业1013家，享受统一投保政策的企业累计达到5900余家，全市出口信用保险企业覆盖面超过82%，居全国前列。出台支持“双自主”企业投保短期出口信用险专项措施。2015年，市商务委和中国出口信用保险公司联合出台北京“双自主”企业投保短期出口信用险专项支持措施，加大了对“双自主”企业在短期出口信用保险承保、理赔等方面的支持力度。

#### 6. 政策创新推进外贸转方式、调结构

设立外经贸发展引导基金和担保平台。2015年共完成1152家次企业3994个项目中小企业及“双自主”企业国际市场开拓资金项目资金拨付审核工作，支持金额9784万元。北京在全国率先启动出口退税企业分类管理，百余家一类企业可在2个工作日内完成退税。

#### 7. 利用展会平台推动北京服务“走出去”

2015年，市商务委组织企业参加第三届上交会、第十三届软交会、第七届中国服务外包交易博览会、台湾服务贸易对接活动、德国科隆游戏展、日本IT博览会、美国高德纳外包峰会等；举办了第十届文博会北京对外文化贸易政策暨国际合作项目推介会；支持海淀区和北京服务外包企业协会举办主题为“跨界融合－信息服务助推传统零售转型创新”的2015年软件与信息服务国际企业对接会。

### （三）商务服务业发展高端化、规模化、品牌化

#### 1. 打造商务服务业集聚发展和商务楼宇公共服务平台

按照支持和引导商务楼宇走“特色发展、品牌发展、集群发展”的总体要求，遵循公

开、择优、后补助的项目安排原则，2015 年全年完成 10 座商务楼宇、3 个集聚区升级改造项目，支持资金总额为 2100.3 万元。13 座楼宇（集聚区）建筑面积共 191.5 万平方米；驻楼（集聚区）企业 2135 家，其中，商务服务业企业共 1017 家，占比为 48%；驻楼企业总收入 966 亿元，楼均收入 74 亿元；驻楼企业缴税 163 亿元，楼均缴税 12.5 亿元；改造计划总投入资金 11023 万元。驻楼企业从业人员 59702 人，楼均从业人员 4592 人。验收合格的 10 座楼宇，办公环境得到一定的改善和加强，楼宇品牌形象得到提高，服务功能得到提升，竞争优势进一步增强，为推动楼宇经济快速发展、带动北京商务服务业高端化、规模化、品牌化发展起到了较好的示范作用。三个改造后的商务服务业聚集区，完善了聚集区的服务功能，延伸了政府服务渠道，为集聚区营造了良好的政策环境和发展条件，提升了集聚区的服务水平和集聚效应。

### 2. 商务服务业及总部企业“走进集聚区共谋发展”

2015 年开展 3 期“商务服务业企业（总部企业）进集聚区共谋发展”系列活动，推动新常态下商务服务与科技、文化、金融的融合发展。邀请 90 多家知名商务服务业企业（总部企业）负责人进集聚区，以座谈参观考察的方式深入了解集聚区的基本情况及发展前景，寻求多方共同发展的契合点，搭建北京商务服务业企业、总部企业与集聚区开展合作的桥梁，以达到加强资本合作，推进产业合作的目的。仅在活动现场，企业之间达成的合作协议及意向就有 18 项，达到了预期效果。

### 3. 会展业提升国际化、规模化、品牌化发展水平

建立政府间协作推进会展业发展机制，完善北京会展业发展促进工作联席会议制度。北京市商务委会同市贸促会、市统计局等编制了《2015 北京展览目录》，发布 2015 年北京引导支持品牌展会名录 31 个。2015 年共支持奖励 4 个 2014 年北京引导支持品牌展会项目、1 个引进国际大型展会项目、1 个同质同类展会整合项目，共奖励资金 613.5 万元。支持北京品牌展会提升品质、扩大影响，向更高水平的国际化、高端化、规模化发展。加强国际宣传推广，提高北京会展业的知名度和影响力，北京市商务委在国际展览业协会（UFI）

年会上开展了北京会展业宣传推介活动。在“一带一路”国家阿联酋（迪拜）、印度（孟买）举办了两场北京展览业推介活动，进一步提高北京会展业的知名度，增强品牌展会的影响力和业界的关注度。

# 第二章　服务业扩大对外开放发展报告

## 一、服务业对外开放现状

### （一）服务业发展现状

随着全球产业结构的不断轻型化，我国总体的产业结构也在不断优化，服务业在我国 GDP 中的比重不断上升，2015 年，该指标超过 50%，但同发达国家相比依旧较低，甚至低于发展中国家的整体水平。北京作为我国经济最发达的地区之一，其服务业在 2011—2015 年间稳定增长，占比不断上升，已经接近甚至超越了发达国家的整体水平。其中，2015 年北京服务业占比已达到了 79.7%，完全呈现出服务经济的发展特征（表 2-1）。

**表 2-1　2011-2015 年北京三大产业构成情况**

单位：亿元，%

| 年份 | 第一产业占比 | 第二产业占比 | 第三产业占比 |
| --- | --- | --- | --- |
| 2011 | 0.8 | 22.6 | 76.6 |
| 2012 | 0.8 | 22.2 | 77.0 |
| 2013 | 0.8 | 21.7 | 77.5 |
| 2014 | 0.7 | 21.4 | 77.9 |
| 2015 | 0.6 | 19.7 | 79.7 |

* 数据来源：《2016 北京统计年鉴》

根据 2016 年《北京统计年鉴》的划分，北京的全部行业可划分成 19 个，这 19 个行业中有 14 个行业 2015 年的地区生产总值相比 2014 年有所上升，其中，有 13 个是服务业；而且，在 19 个行业地区生产总值的排名中，位列前十的行业中，有 9 个是服务业（详见表 2–2）。

**表 2–2　2014—2015 年北京按行业分地区生产总值**

单位：亿元

| 序号 | 行业 | 2015 年 | 2014rrh 年 | 2015 年升降 | 2015 年排名 |
|---|---|---|---|---|---|
| 1 | 农、林、牧、渔业 | 142.6 | 161.3 | ↓ | 19 |
| 2 | 采矿业 | 149.6 | 176.2 | ↓ | 17 |
| 3 | 制造业 | 2811.2 | 2823.2 | ↓ | 2 |
| 4 | 电力、热力、燃气及水生产和供应业 | 750.2 | 747.4 | ↑ | 11 |
| 5 | 建筑业 | 961.9 | 902.7 | ↑ | 10 |
| 6 | 批发和零售业 | 2352.3 | 2411.1 | ↓ | 4 |
| 7 | 交通运输仓储和邮政业 | 983.9 | 948.1 | ↑ | 8 |
| 8 | 住宿和餐饮业 | 397.6 | 363.8 | ↑ | 15 |
| 9 | 信息传输、软件和信息技术服务业 | 2383.9 | 2081.9 | ↑ | 3 |
| 10 | 金融业 | 3926.3 | 3357.7 | ↑ | 1 |
| 11 | 房地产业 | 1438.4 | 1329.2 | ↑ | 7 |
| 12 | 租赁和商务服务业 | 1766.8 | 1700.2 | ↑ | 6 |
| 13 | 科学研究和技术服务业 | 1820.6 | 1662.7 | ↑ | 5 |
| 14 | 水利、环境和公共设施管理业 | 180.5 | 136.0 | ↑ | 16 |
| 15 | 居民服务、修理和其他服务业 | 142.8 | 155.0 | ↓ | 18 |
| 16 | 教育 | 965.5 | 859.0 | ↑ | 9 |
| 17 | 卫生和社会工作 | 577.6 | 468.1 | ↑ | 13 |
| 18 | 文化、体育和娱乐业 | 527.8 | 470.4 | ↑ | 14 |
| 19 | 公共管理、社会保障和社会组织 | 735.3 | 576.8 | ↑ | 12 |

★ 数据来源：《2016 北京统计年鉴》

同北京产业结构不断优化相呼应的是第三产业的从业人员数量在不断增加，而第一产业和第二产业的从业人员数量在不断减少。2011—2015 年间，北京第三产业从业人数由 791.4 万人增加到了 935.0 万人，2015 年，北京第三产业从业人员数量占全部从业人员总数的比例达到了约 78.8%（表 2–3）。

表 2-3　2011-2015 年北京三次产业从业人员年末人数及构成

| 年份 | 从业人员年末人数（万人） | | | 从业人员构成（%） | | |
|---|---|---|---|---|---|---|
| | 第一产业 | 第二产业 | 第三产业 | 第一产业 | 第二产业 | 第三产业 |
| 2011 | 59.1 | 219.2 | 791.4 | 5.5 | 20.5 | 74.0 |
| 2012 | 57.3 | 212.6 | 837.7 | 5.2 | 19.2 | 75.6 |
| 2013 | 55.4 | 210.9 | 874.7 | 4.8 | 18.5 | 76.7 |
| 2014 | 52.4 | 209.9 | 894.4 | 4.5 | 18.2 | 77.3 |
| 2015 | 50.3 | 200.8 | 935.0 | 4.2 | 17.0 | 78.8 |

* 数据来源：《2016 北京统计年鉴》

## （二）服务贸易发展现状

2015 年，北京服务贸易进出口总规模达 1302.8 亿美元，比 2014 年增加 196.7 亿美元，同比增长 17.8%；占本地对外贸易的比重达 29%，占全国服务贸易的比重达 18.3%。其中，服务出口额达 490.7 亿美元，同比增长 12.8%，占全国服务出口总额的比重达 17.0%；服务进口额达 812.1 亿美元，同比增长 21%，占全国服务进口总额的比重达 19.1%。从服务部门来看，运输服务、通讯服务、保险服务、金融服务、计算机和信息服务、咨询服务的总规模有所下降，其他服务部门的总规模在增加（表 2-4）。北京服务贸易外汇收入和外汇支出均在增加，但前者增幅小于后者，因此，北京服务贸易收支不仅为逆差，而且逆差额在扩大，2015 年逆差为 321.4 亿美元，比 2014 年扩大了 85.3 亿美元。从行业结构上来看，北京的通讯服务、建筑服务、计算机和信息服务、咨询服务以及其他商业服务为顺差，其中，咨询服务和建筑服务顺差额较大；运输服务、旅游服务、通讯服务、保险服务、金融服务、专利使用费和特许费以及电影音像服务为逆差，其中旅游服务的逆差最大，运输服务位居第二（表 2-4）。

表 2-4　2014-2015 年北京服务贸易发展现状

单位：亿美元

| 项目 | 服务贸易总额 | | 外汇收入 | | 外汇支出 | | 顺（逆）差 | |
|---|---|---|---|---|---|---|---|---|
| | 2015 | 2014 | 2015 | 2014 | 2015 | 2014 | 2015 | 2014 |
| 合计 | 1302.8 | 1106.1 | 490.7 | 435 | 812.1 | 671.1 | -321.4 | -236.1 |
| 运输服务 | 189.9 | 223.6 | 51.5 | 51.5 | 138.4 | 172.1 | -86.9 | -120.6 |
| 旅游服务 | 471.9 | 327.1 | 84.5 | 46.3 | 387.4 | 280.8 | -302.9 | -234.5 |
| 通讯服务 | 22.4 | 31 | 12.3 | 11.8 | 10.1 | 19.2 | 2.2 | -7.4 |
| 建筑服务 | 141.7 | 116.3 | 88.4 | 92.6 | 53.3 | 23.7 | 35.1 | 68.9 |
| 保险服务 | 65.0 | 70.4 | 27.4 | 29.8 | 37.6 | 40.6 | -10.2 | -10.8 |
| 金融服务 | 9.9 | 12.2 | 1.5 | 1.2 | 8.4 | 11 | -6.9 | -9.8 |
| 计算机和信息服务 | 97.7 | 89.4 | 53.7 | 53.5 | 44.0 | 35.9 | 9.7 | 17.6 |
| 专利使用费和特许费 | 36.3 | 30.8 | 2.3 | 2.4 | 34.0 | 28.4 | -31.7 | -26 |
| 咨询服务 | 111.8 | 144.3 | 83.7 | 100.4 | 28.1 | 43.9 | 55.6 | 56.5 |
| 其他商业服务 | 107.6 | 34.8 | 60.7 | 34.2 | 46.9 | 0.6 | 13.8 | 33.6 |

★ 数据来源：《2015 北京统计年鉴》和北京市商务委员会提供数据

## （三）服务业对外开放现状

### 1. 服务业对外开放的总体现状

对外开放度是一个国家（地区）经济的对外开放程度，是衡量该国（地区）对外开放程度的重要经济指标，本章选取外贸依存度作为对外开放度的评估和衡量指标，测算方法为服务贸易进出口总额占 GDP 的比重。本章根据《2015 北京统计年鉴》和北京市商务委员会提供的相关数据，测算了 2011—2015 年间，北京服务业总体以及部门的对外开放状况（表 2-5）。通过测算发现，2011—2015 年间，北京服务业的总体开放程度有所下降后又回升，2015 年为 35.3%；从部门开放情况来看，旅游服务、运输服务、咨询服务和建筑服务的开放度较高；通讯服务、金融服务、专有权使用费和特许费等部门的对外开放程度较低；旅游服务的对外开放度在五年间有了较大程度的提升，而其他服务部门的开放程度变化较为平缓，甚至有些部门的对外开放度在下降，如保险服务、金融服务、通讯服务等。

表 2–5　2011–2015 年北京服务业对外开放现状

单位：%

| 年份 | 2011 | 2012 | 2013 | 2014 | 2015 |
| --- | --- | --- | --- | --- | --- |
| 总体 | 35.6 | 35.3 | 32.0 | 32.2 | 35.3 |
| 运输服务 | 7.8 | 7.9 | 6.7 | 6.5 | 5.1 |
| 旅游服务 | 5.4 | 5.5 | 6.1 | 9.5 | 12.8 |
| 通讯服务 | 0.9 | 0.9 | 0.8 | 0.9 | 0.61 |
| 建筑服务 | 3.7 | 3.0 | 1.9 | 3.4 | 3.8 |
| 保险服务 | 5.3 | 4.7 | 4.8 | 2.1 | 1.76 |
| 金融服务 | 0.5 | 0.8 | 0.1 | 0.4 | 0.27 |
| 计算机和信息服务 | 2.1 | 2.1 | 2.3 | 1.7 | 2.65 |
| 专利使用费和特许费 | 0.9 | 1.0 | 1.1 | 0.9 | 0.98 |
| 咨询服务 | 3.9 | 4.1 | 4.5 | 4.2 | 3.0 |
| 其他商业服务 | 4.4 | 4.5 | 3.0 | 1.0 | 2.9 |

* 数据来源：根据《2015 北京统计年鉴》和北京市商务委员会提供的相关数据计算得出。

## 2. 服务业扩大对外开放的重要领域

（1）金融服务

随着经济的不断发展，金融服务在国民经济中的作用越来越重要。北京地区也不例外，其产业结构更加凸显了金融服务的重要性。2015 年，北京金融服务的地区总产值为 3926.3 亿元人民币，比 2014 年增长 16.9%，约占北京 GDP 的 17.1%，在全部行业中位居第一。目前，北京金融服务呈现逆差，且逆差额在扩大，2015 年达 6.9 亿美元；且在北京服务业中，金融服务的开放度也比较低，2015 年仅为 0.27 %。

北京外资银行的规模十分有限，截至 2015 年底，北京地区共有外商独资银行 9 家、外资银行北京分行 29 家、外国银行北京分行 17 家，累计分行及法人机构 45 家。2015 年澳大利亚国民银行、美国富国银行以及法国外贸银行、荷兰安智银行在北京开设分行，台资富邦华一银行的北京分行正在筹建。此外，北京外资银行存款业务的规模也较小，同中资金融机构的存款规模相距甚远，2015 年，北京外资银行人民币存款 1941.3 亿元人民，外汇

80亿美元，总额2461.0亿元人民币；同期，北京中资金融机构的人民币存款121878.9亿元人民币，外汇660亿美元，总额126164.8亿元人民币，约是北京外资银行存款总规模的51倍；可见，北京中外资银行的本外币存款规模相差悬殊。

2015年，北京在金融领域的开放力度明显扩大，同年5月获批的《总体方案》中将金融服务领域作为北京构建服务业扩大开放格局的重要内容。《总体方案》支持符合条件的民间资本和外资进入金融服务领域；鼓励优化金融股权结构，在符合相关法规的条件下，允许外资金融机构设立外资银行、民营资本与外资金融机构共同设立中外合资银行；积极发展保险业务，支持设立外资专业健康医疗保险机构；健全多层次资本市场体系，鼓励金融创新，丰富金融市场层次和品种，拓宽企业直接融资渠道；支持有实力的金融机构通过设立境外分支机构、并购等多种渠道开展境外业务。

（2）租赁和商务服务

租赁和商务服务业知识含量高，是人力资本密集型和高附加值的现代服务业，而且该产业的产业关联强、带动作用大，在产业链和价值链中，均处于高端位置。近年来，租赁和商务服务业在北京的发展势头比较强劲。2000年，北京租赁和商务服务总产值为118.8亿元，经过10余年的发展，2015年，租赁和商务服务的总产值为1766.8亿元，增长约14倍，年均增幅19%，约占北京GDP的7.7%。2015年，北京限额以上租赁和商务服务企业法人单位数4151个，营业收入7524.9亿元，同比增长0.8%；实现利润总额4954.6亿元，同比增长56.7%。同时，租赁和商务服务业在吸纳就业方面也有巨大贡献，带动了就业市场，2015年，北京租赁和商务服务业的从业人员达80.5万人，同比增长10.8%。

尽管北京的租赁和商务服务业近年来在不断发展，但其开放程度仍旧十分有限，除投资型公司外，外资进入较少，这与租赁和商务服务的特征密切相关。租赁业主要包括机械设备、汽车、工程机械、计算机及通讯设备、图书音像等在内财产出租的服务；商务服务包括企业管理服务、法律服务、咨询与调查服务、广告服务、职业中介服务、安全保护服务等。商务服务中的大多数与专业技术有关，因此，在开放时，不仅面临着投资性质的障碍（即是否为外资），同时，还面临着商务服务提供者资质的门槛，如注册会计师、律师等都需要取得相关资质并通过国家审核，而取得这些资质的条件之一是具有中国国籍，这就意味着，外国籍的服务提供者无法进入商务服务中的相关行业。从而使得商务服务业的开放度大大降低。

针对上述现状，北京在2015年进一步扩大了租赁和商务服务，《总体方案》将租赁和商务服务列为重点开放领域。《总体方案》明确要从资本开放、改造重组、境外投资等方面积极促进会计审计、商贸物流、电子商务、节能环保、创业投资、知识产权、咨询服务、中介服务等领域的发展，具体而言，主要包括推进商务服务领域对社会资本开放；要放开会计审计、商贸物流、电子商务等领域外资准入的限制，鼓励外资投向节能环保、创业投资、知识产权服务等商务服务业，支持外资以参股、并购等方式参与国内商务服务企业改造和重组；允许外商投资资信调查公司（港澳服务提供者先行先试）逐步扩大开放范围，促进国外资信公司在京落地并开展法人化经营；允许符合条件的取得中国注册会计师资格的港澳专业人士担任合伙制会计师事务所合伙人；促进会计、咨询服务等商务服务领域发展，支持国内会计师事务所设立境外分支机构、开拓国际业务、塑造品牌；推动本土企业在全球范围内提供对外投资、融资管理、工程建设等领域的高端咨询服务；提高人力资源市场对外开放水平，在中关村设立中外合资人才中介机构，外方合资者可拥有不超过70%的股权，最低注册资本金由30万美元降低至12.5万美元。

（3）旅游服务

北京作为中国的首都，它不仅经济发达，而且有着深厚的文化底蕴，是中国形象的重要代表，这也成为北京旅游资源的重要组成部分，积极地吸引着国内外的游客。北京统计局相关数据显示，2000年以来，北京旅游接待人数不断增加，2000年，来京旅游人数为10468.1万人次（入境旅游282.1万人次，国内旅游10186万人次），北京旅游外汇收入为27.68亿美元，国内旅游收入683亿元人民币；2015年，来京旅游人数27279.0万人次（国内旅游26859.0万人次，入境旅游420.0万人次，外国人357.6万人次），其中，亚洲来京旅游的人数最多，为102.1万人次，北京旅游外汇收入46亿美元，国内旅游收入4320亿元人民币。15年间，来京旅游人数增长1.6倍，年均增幅为3.2%；北京旅游外汇收入增长0.66倍，年均增幅为0.97%；国内旅游收入增长5.33倍，年均增幅11.8%。北京旅游服务的对外开放程度在不断提升，2015年对外开放度达12.8%，但北京旅游服务依旧呈逆差，且逆差额还在增加，2015年逆差达302.9亿美元，比2014年的234.5亿美元，又有了较大幅度的增加。北京在积极扩大旅游服务的对外开放，目前，北京共有7家中外合资旅行社，其中只有 3 家允许试点经营出境旅行业务，其他 4 家暂时还没有权利经营出境游业务。

《总体方案》中明确北京要深化旅游综合改革试点，进一步完善扩大旅游业开放机制。鼓励外商投资旅游业，参与商业性旅游景区景点开发建设，投资旅游商品和设施。在扩大中外合资旅行社开展出境旅游业务试点中，支持在京设立并符合条件的中外合资旅行社从事除台湾地区以外的出境旅游业务。此外，2015 年 11 月，北京放宽 11 项服务业限制的目录中，也包含了对旅游业的开放，即“允许在北京市设立符合条件的中外合资旅行社经营中国内地居民出国旅游业务以及赴香港特别行政区、澳门特别行政区旅游业务。”根据此次国务院规定以及旅行社条例，北京的中外合资旅行社取得经营许可只要满 2 年，且未因侵害旅游者合法权益受到行政机关罚款以上处罚等，就可以向北京市旅游发展委员会书面申请试点经营出境游业务。

## 二、服务业对外开放的国内外环境

### （一）国际环境

近年来，全球产业结构不断优化，服务业比重不断上升，目前，全球经济进入以服务为主导的价值链分工阶段。

#### 1. 服务经济成为世界经济增长的新动力

21 世纪以来，全球服务业和服务贸易的发展势头愈发强劲，服务业占世界经济总量的比重约为 70%，主要发达经济体的该指标已达 80% 左右。过去十年内，服务贸易进出口规模增长十分迅速，由 2005 年的 5.24 万亿美元增长至 2015 年的 9.56 万亿美元，年均增长 6.2%，约占世界贸易 20%；服务出口由 2005 年的 2.65 万亿美元增至 2015 年的 4.83 万亿美元，年均增长 6.19%；服务进口由 2005 年的 2.59 万亿美元增至 2015 年的 4.73 万亿美元，年均增长 6.21%。服务全球化已成为经济全球化进程中最明显的特征。

### 2. 服务业成为产业转移的新热点

以服务业为主的新一轮国际产业转移正在蓬勃发展。目前，服务业跨国投资年均增长已逾15%，占跨国投资总量的比重超过2/3；而且，服务业跨国投资正在从依托于制造业扩张向自主型扩张转变，跨国公司向服务化转型的趋势已基本形成，服务类跨国公司在全球500强企业中的比重已超过50%。

### 3. 服务业开放式发展成为重构世界经济新格局的重要途径

随着全球各经济体服务业市场的日渐开放，服务贸易成为各国融入全球价值链、参与国际竞争的重要平台。美国等服务业发达经济体通过服务的价值输出，巩固和增强其服务业在国际市场的竞争优势；印度等新兴经济体通过现代服务业的出口，探寻此类型经济体的经济增长新模式。在服务经济大发展的促进下，国际分工正由货物商品生产分工向服务和知识商品生产分工演进。

### 4. 国际区域合作为服务业开放提供了新范式

美国主导的TPP于2015年10月达成贸易协定。TPP是一个高标准的自贸协定，在服务业开放上采用负面清单模式。相对于服务贸易总协定采用的正面清单模式而言，负面清单模式的谈判效率更高，协议方就市场准入和国民待遇的一整套原则达成协议，谈判只针对例外情况。负面清单模式最早在北美自贸区谈判中采用，TPP将这一模式在更大范围内进行推广。相比于正面清单谈判中发展中国家拥有的机会，在负面清单中发展中国家用自身的开放承诺换取其他利益的机会更小，更多地要承担普遍开放的义务。TPP要成为“21世纪的黄金规则”，意味着服务业开放采用负面清单模式将成为一种必然，充分反映了以美国为代表的发达经济体要加强服务业开放的利益诉求。同时，TPP对外资实行了全面国民待遇，包括准入前和准入后。国民待遇是外国直接投资中最重要也最难落实的标准。TPP将准入前后国民待遇问题写进了协议中，实现了对外资实行全面国民待遇的目标。这也是发达经济体要求扩大开放的明显体现。

## （二）国内环境

### 1. 党中央积极部署构建开放型经济新体制的战略

党的十八大召开以来，党中央国务院多次提出要培育开放型经济发展的新优势，构建开放型经济新体制的战略部署。2015 年的《政府工作报告》中，也提出要以“开放的主动赢得发展的主动、国际竞争的主动”。扩大服务业开放，有助于我国加快经济发展方式的转变，有助于我国经济保持健康可持续发展，有利于培育我国外向型经济发展的支撑力量，有利于形成国际经济合作与竞争的新优势。

### 2. 我国积极建设自由贸易试验区为北京扩大开放提供示范，为其它城市提供先导

2013 年 9 月在上海成立的中国（上海）自由贸易试验区，2014 年 12 月设立的中国（广东）自由贸易试验区、中国（天津）自由贸易试验区和中国（福建）自由贸易试验区是我国实施自由贸易试验区战略以来的首批成果。为了进一步扩大开放，这四个自由贸易试验区采用同一张负面清单，即《自由贸易试验区外商投资准入特别管理措施（负面清单）》，该清单缩小了限制范围，提升了自由贸易试验区的开放度和透明度。此外，为了进一步贯彻自由贸易试验区的战略，实现以开放促改革的目标，党中央、国务院决定将在辽宁、浙江、河南、湖北、重庆、四川和陕西等 7 个省市新设自由贸易试验区，从而使我国自贸试验区的数量达到 11 个。我国自由贸易试验区的发展战略为北京服务业的扩大开放指明了方向，负面清单的使用更为北京服务业的扩大开放提供了基础并起到了示范作用。

目前，北京现已形成服务主导型的经济结构，具有良好的产业基础，开放度较高，服务业和服务贸易的发展位居前列，具备全方位、多层次、高起点的扩大开放条件。2015 年 5 月，国务院发布了《总体方案》，同意在北京市开展服务业扩大开放综合试点，北京成为全国首个也是目前唯一一个服务业扩大开放试点城市。北京开展服务业扩大开放综合试点，既是国家全方位主动开放的重要实践和构建开放型经济新体制的重要探索，也是北京在主动适应新常态、落实新定位、迈向新目标的背景下，更好利用两个市场、两种资源，

推动产业结构优化升级、助力推动京津冀协同发展的重大举措。北京开展服务业扩大开放综合试点将为中国深度参与全球经济合作竞争树立新旗帜；将会推动区域协同发展，做好“四个服务”的创新举措；更是围绕首都城市战略定位，加快北京经济结构深度调整，激发经济发展新动力的现实需要。

### 3. 北京服务业扩大开放综合试点特色鲜明、重点突出、配套完善

北京开展服务业扩大开放综合试点主要通过构建“6+1”服务业扩大开放格局和优化五大配套支撑体系建立健全具有中国特色、首都特点、时代特征的体制和机制，构建与国际规则相衔接的服务业扩大开放基本框架。“6+1”扩大开放格局中的“6”是指逐步扩大科学技术服务、互联网和信息服务、文化教育服务、金融服务、商务和旅游服务、健康医疗服务等六大重点领域向各类资本开放，降低或取消股权比例限制、部分或全部放宽经营资质和经营范围限制，实现投资主体多元化。“6+1”中的“1”是指深化对外投资管理体制改革，加快企业“走出去”步伐，促进本土企业积极开拓国际市场。五大配套支撑体系是指优化社会信用环境，改革市场监管模式，创新高端人才聚集机制，加大金融保障力度，提高通关便利水平。

## 三、服务业对外开放的机遇与挑战

“十三五”时期是我国经济转型的历史机遇，是我国经济结构调整的“最后窗口期”，这为北京服务业高端化、国际化、创新化发展提供了良好机遇，为北京“以开放促改革”的发展思路提供了政策和战略机遇。北京在“十三五”期间，要积极由“北京制造”向“北京创造”转型，在“十三五”末期，形成“高精尖”的经济结构，主要包括：第一，突出高端化、服务化、集聚化、融合化、低碳化，大力发展服务经济、知识经济、绿色经济，提升总部经济服务水平；第二，加快发展生产性服务业，巩固扩大金融、科技、信息、商务服务优势，积极发展现代物流业，发展壮大会展经济；第三，实施提高生活性服务业品质行动，推动旅游与相关产业融合发展，支持老字号企业发展壮大；第四，转换制造业发展领域、空间与动能，聚焦创新前沿、关键核心、集成服务、设计创意以及名优

民生等高精尖产品，实现“在北京制造”到“由北京创造”的转型。北京“十三五”规划的十个重点问题之一是推进服务业扩大开放综合试点，建立国际化服务业促进体系。通过“十三五”的发展，要形成如下发展目标：第一，构建全方位开放格局，主要包括推进服务业扩大开放综合试点，加快市场准入机制和监管模式改革，推动配套支撑体系建设，构建与国际规则相衔接的服务业扩大开放基本框架；营造优良的国际服务环境，实施外商投资准入前国民待遇加负面清单的管理模式，全面提高投资贸易便利化水平。第二，加强国际交往中心建设，主要包括优化国际化服务环境，加快推进服务标准、规则、法规与国际接轨。

尽管北京服务业的发展取得了很大进步，但依旧存在着各种各样的问题。这也使得我们在看到历史机遇的同时，也看到了面临的挑战。服务业市场开放是激活市场、推进调结构和转方式的关键，因此，能否抓住此次机遇，关键取决于服务业市场的改革，而服务业市场开放的关键又是结构性改革。

改革开放以来，我国的改革举措，主要针对工业发展，即更多的激励政策是关于工业发展的，而不是针对服务业发展的，北京也不例外。因此，“十三五”时期推进对服务业扩大开放的改革时，就会面临着各种问题，政策性、体制性和结构性矛盾是当前面临的重大挑战。具体而言，这些挑战主要体现在：

### 1. 教育结构不能适应服务型主导经济结构的需要

服务型主导经济结构形成要依托与之相匹配的人才供给，职业型、技术型人才的供给短缺是目前面临的一个重要挑战。形成“能力型、开放型、专业化”的教育体制势在必行，是推进服务业扩大开放的客观需要。

### 2. “多头管理”和“管理缺位”现象并存

“多头管理”问题在北京服务业的发展中体现明显，以会展业为例，该行业涉及多个审批环节，如安保、消防、卫生检疫等，可目前尚未形成统一的行政管理机构，进而造成审批环节众多、审批程序复杂、生产效率低下等负面效果。在“多头管理”现象频现的情况下，“管理缺位”现象也存在，如涉及横向行业部门联合的新型服务业态的电子商务、移动互联网、物联网等对管理的要求更高，而目前，这些横向部门之间的协调以及分工等工作还有待进一步提高。

### 3. 开放力度不足

北京目前对服务业的开放已顺应国际服务业开放的发展需求，采用负面清单，在开放程度上同上海自贸区的开放水平基本持平，总体上是以《外商投资产业指导目录（2015 年修订）》等国家层面在相关产业领域的政策为基础的，而这些相关政策的开放程度又是十分有限的，因此，北京需要在现有基础上继续扩大开放承诺，减少负面清单中的约束内容。

### 4. 市场准入严格

北京对有些服务部门的市场准入限制依旧很高，造成市场竞争不充分；此外，对服务业和制造业用地的土地出让方式以及出让政策有所不同，在人才引进方面，制造业和服务业的政策也有所不同，总体而言，对制造业的优惠政策更多，因而，造成北京服务业的生产要素成本较高。

## 四、服务业扩大开放取得的进展

总体来讲，北京的服务业开放取得了一定程度的提升，2014 年和 2013 年开放度约为 32%，2015 年提升至 35%。2015 年 5 月 5 日，国务院公布了《总体方案》，2015 年 9 月 13 日，商务部和北京市政府联合印发《实施方案》，明确了 141 项试点任务。北京通过这些试点措施，放宽了市场准入，引入了更多的国际化要素，加速北京服务业的国际化、高端化发展；推动体制机制创新，营造公开、公平、公正的市场环境，激发市场活力。具体而言，北京采取的这些措施取得了较好的实施效果。首批 11[①] 项开放措施陆续生效，如：取消外商投资飞机维修项目中方控股的限制，对中外企业在飞机维修方面的国际合作起到了决定性作用；实施以备案制为主的对外投资管理模式并全面实现网上办理；在北京市 4 个特

① 11 项开放措施是指 2015 年 11 月，北京市政府发布的首批 11 项开放措施（第一阶段措施）。

定区域允许设立外商独资演出经纪机构；这些均表明北京市有关服务领域的开放程度都有了明显的提升。此外，22[①]项改革创新措施也初见成效，如，推行外资企业“就近办理、跨区登记”的通办服务，已有1000余户新设外资企业实现就近登记；推广集成电路设计企业保税监管模式试点，北京已成为全国首个该项试点资质全面放开的城市；扩大跨境电子商务外汇支付试点范围，北京市试点机构数量和交易规模均位居全国省市之首。

① 22项改革创新措施是指2015年11月，北京市政府发布的首批22项改革创新措施（第一阶段）。

# 第三章　提升生活性服务业品质发展报告

2014 年 2 月 26 日，习近平总书记在视察北京工作时强调，要坚持和强化首都“四个中心”的建设，努力把北京建设成为国际一流的和谐宜居之都。[①] 为了深入贯彻习近平总书记“2・26”重要讲话精神，落实《国务院办公厅关于加快发展生活性服务业促进消费结构升级的指导意见》(国办发〔2015〕85 号)，加快建设国际一流的和谐宜居之都，北京市以增进人民福祉、满足人民群众日益增长的生活性服务需要为主线，积极发挥政府的引导作用和市场的主体地位，采取了行之有效的措施，目前已取得了一定的成效。

## 一、生活性服务业发展概况

北京市政府高度重视生活性服务业发展，在统筹谋划提高生活性服务业品质的同时，调动社会各方力量，积极探索和推进各项工作。北京以问题为导向，贴近市民基本需求，突出创新引领，强化公共利益，制定并实施《北京市提高生活性服务业品质行动计划》(以下简称《行动计划》)，通过“加快实施三项重点工程”“全面推进六项重点工作”，引导和推进全市生活性服务业品质提升工作，北京生活性服务业的“规范化、连锁化、便利化、品牌化、特色化”工作取得了阶段性成效。生活服务业发展情况如下：

① 2014 年 2 月 26 日，习近平总书记视察北京工作讲话。

## （一）营商环境逐步规范

### 1. 行业规范化程度有所提升

为提高行业规范化建设水平，北京系统梳理了便利店（超市）、餐饮、便民菜店、洗染、美容美发、家政服务、再生资源回收等160多个生活性服务业现行有效的法律法规规章、标准和规范，开展《北京市家庭服务业条例》立法调研，指导家政、洗染等生活性服务业，推进制定完善企业开业条件、经营管理规范、岗位服务规范等标准和规范。在家政行业，2015年年内共评定19家星级门店，其中五星4家，四星6家，三星7家，二星2家，促进了家政服务行业规范化、规模化、连锁化、标准化管理。

为配合首都环境建设，对废品回收站点进行规范化治理，积极推进垃圾分类与再生资源回收管理结合，探索将再生资源回收体系纳入垃圾分类管理体系。截至2015年12月底，全市商务主管部门共检查正规回收站点2521个，出动车辆875车次，出动人员1520人次，规范整改回收站点682个，配合有关部门清理无照经营废品回收点351个。

### 2. 服务人员培训力度加大

为提升行业技能和服务水平，北京开展了人才培养与岗位技能培训工程，指导生活性服务业行业协会通过集中培训、入店巡讲、校企合作等方式开展岗位技能培训。2015年共设18个技能竞赛项目，涉及11个承办协会，全市16个区4万余家企业门店参与，参加人次达35万。家政、洗染、美容美发、家电维修、摄影、沐浴六类生活性服务业累计培训从业人员6万余人。

## （二）基本便民服务初见成效

### 1. 社区基本便民服务覆盖率大幅提升

为保障居民基本公共服务需求，北京加大了便民服务网点建设。北京基本实现了便利店、早餐、蔬菜零售、洗染、美容美发、家政服务、代收代缴和再生资源回收等8项基本便民服务在城市社区的全覆盖。

北京持续加强“一刻钟社区服务圈”建设，推动服务圈向农村地区延伸。截至2015年底，全市建成207个“一刻钟社区服务圈”示范点，累计建成1236个，覆盖2341个社区，惠及1454万社区居民，覆盖率达到80%。

#### 2. 生活服务业连锁化、品牌化程度提高

北京鼓励连锁超市、便利店和老字号企业扩大直营连锁规模。庆丰包子、护国寺小吃、丰大农业、好邻居便利店等生活服务性品牌化网点覆盖率不断提高。连锁企业涉及零售、餐饮、洗染、医药、服装服饰、教育培训等20个行业。截至2015年底，2015年年底，全市商业特许经营备案企业达到了669家，占全国同类备案企业的23.4%。

### （三）业态转型升级进程加速

#### 1. 传统商业和互联网融合趋势凸显

北京积极引导业态转型升级，鼓励传统社区商业和互联网融合发展。王府井百货、金源新燕莎MALL、菜百等传统商业企业依托电子商务转型升级步伐加快；畅通老字号企业与电商平台的合作渠道，16家企业组成的北京老字号网上专区在京东商城上线。家政服务业按商务部要求，将“北京家政服务网”作为北京市与商务部“全国家政服务运营监测管理系统”对接的家政服务平台，并将96156社区服务信息平台作为“网络中心”与该系统进行对接，启动了北京市家政行业数据整合工作。

#### 2. 传统商业转型、转移步伐加快

为了适应首都产业功能定位、疏解非核心功能，北京市根据《北京市商务委员会关于印发开展商品交易市场调整提升工作意见的通知》推动全市存量传统商品交易市场调整升级。各区县按照“疏解转移一批、关闭撤并一批、升级转型一批”原则，加快推进传统商品交易市场升级转移。各区县已清退、拆除市场60个，完成市场升级改造10个，释放土地资源，为生活性服务业提供了发展空间。

## （四）服务保障力度有所提升

### 1. 资金扶持力度加大

北京市印发了《北京生活性服务业发展基金管理办法》，设立生活性服务业发展基金。基金总规模 10 亿元，其中财政资金出资 5 亿元，重点支持生活性服务业“规范化、连锁化、便利化、品牌化、特色化”发展，聚焦“互联网 + 生活服务业”新模式，推动移动互联网、云计算、物联网等与生活性服务业结合，重点投向具备一定实力和发展前景的生活性服务企业、公共服务平台、基础设施以及生活性服务业京津冀合作项目等领域。目前已经完成了 10 亿设立资金的募集工作，注册成立了“北京生活性服务业发展基金（有限合伙企业）”。起草了《北京生活性服务业发展基金内部运行管理制度》。为推进基金尽快发挥作用，在筹备设立的同时，通过各种渠道，征集了 32 个投资项目，首批项目尽职调查工作已经展开。

### 2. 便民保障服务供给增加

为了确保便民服务的供给质量，北京鼓励多主体投资，促进生活服务业发展。多个行业积极引入外资。截至 2015 年年底，北京有 2 家外商投资的养老企业、4 家提供与养老服务相关的技术服务外资企业。北京市家政协会积极开展区域协作，探索建立家政服务员输入基地，有组织、有规模、有秩序地输入家政服务员，提高劳动力流动的组织化程度。目前，各地家政服务员输入基地累计可实现年签约和输入家政服务员万余人。为保障 2015 年春节、元宵节期间家政服务市场供应，指导北京家政服务协会和 96156 社区服务平台组织家政服务企业在两节期间开展家政服务市场春节保供活动。组织了百余家家政服务企业参与“春节保供”活动，组织万名家政服务员错峰回家或进京保障春节家政服务市场，累计服务市民 100 余万人次。

# 二、生活性服务业发展模式

目前，北京生活性服务业发展呈现出模式多元、形式多样的特征。北京生活服务业主要包括居民与家庭服务，健康与养老服务，零售与寄递服务，住宿与餐饮服务，旅游、体育及休闲娱乐服务，文化与教育培训服务，交通与信息通信服务，金融服务，房地产服务，其他生活性服务10大类。生活服务业分类涉及《国民经济行业分类》（GB/T 4754-2011）中批发与零售业，交通运输、仓储和邮政业，住宿和餐饮业，信息传输、软件和信息技术服务业，金融业，房地产业，租赁和商务服务业，科学研究和技术服务业，水利、环境和公共设施管理业，居民服务、修理和其他服务业，教育，卫生和社会工作，文化、体育和娱乐业13个行业门类、30个行业大类、87个行业中类，共179个行业小类。①

北京生活服务业发展模式主要包括以属地型综合体为特征的社区商业模式，以生活服务街区为特征的集聚区发展模式，以生产性服务业为主、生活性服务业配套发展为特征的融合嵌入模式，以及以“互联网+生活服务业”为特征的新型服务模式等四种模式。

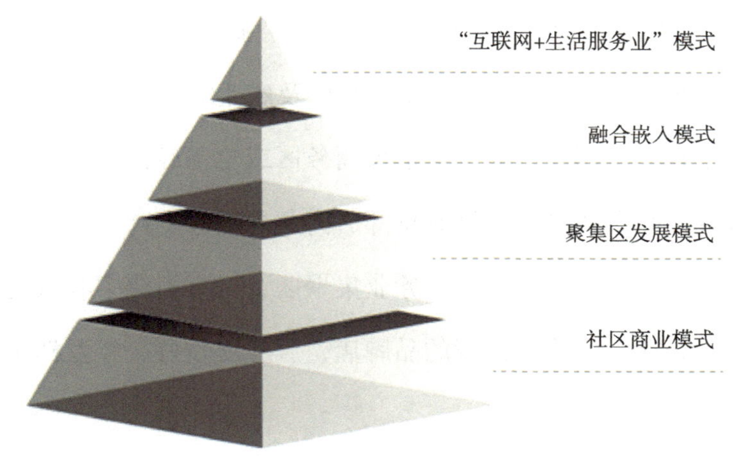


**图 3-1　　北京市生活服务业发展模式**

## （一）社区商业模式

北京大力发展属地型社区商业，加强便民网点布局。加强了零售、餐饮、洗染、物资回收等服务，还关注教育培训、美容、休闲、健身、流通业的配套设施。全市建成了207个“一刻钟社区服务圈”示范点，方便了居民传统的衣、食、住、行需求。

① 关于印发北京市生活性服务业统计分类（试行）的通知（京统发〔2016〕71号）。

## （二）集聚区发展模式

目前，北京生活性服务业集聚区模式主要体现为生活服务街区。如根据区域消费习惯、文化习俗或城市特色等规划建设了美食街区、特色步行街区、老字号街区、文化街区等，将一些本地特色品牌企业聚集在一起。其中，已形成一定规模和成效的主要是餐饮集聚区。截至2015年底，东城区、西城区等建设了东直门“生活性服务业一条街”等18个便民服务综合体，涵盖了早餐、便利店、生鲜水果、家政、修理、主食厨房、便民理发等多种便民服务业态，同时还具备预约服务、上门配送等拓展服务功能，受到周边居民广泛好评。

## （三）融合嵌入模式

这种模式主要是以生产性服务业为主体、生活性服务业配套发展的表现形式。在城市商业中心（包括中央商务区）、区域商业中心以及商业综合体和商业街中，生活性服务业与生产性服务业融合在一起。例如，在中央商务区或总部经济区，住宿、餐饮等生活性服务业作为配套服务，与金融总部、物流总部、商务总部等生产性服务企业总部融合在一起，主要为总部经济区、中央商务区、服务业集聚区、城市商业中心做配套支撑。这种发展模式中的生活服务企业多为连锁经营的品牌店，服务质量好、经营档次高，商业信誉也较好。

2015年西城区提出创建“生活性服务业示范区”，丰台区提出创建“现代生活服务业创新示范区”；海淀区等区根据区域特点，提出“5+N”的发展思路，在推进生活性服务业“五化”发展的基础上，进一步延伸丰富、突出了电商化、智能化、集约化等发展内容。以上融合嵌入模式在全市初步形成示范带动效应。

## （四）“互联网+生活服务业”模式

随着电子商务的快速发展，“互联网+生活服务业”将逐渐成为生活性服务业的发展趋势，即“线上购买点评+实体店消费体验”模式。“悠购东城”“181便民服务站”、“乐智屋”以及一站式物流平台等“互联网+社区商业”服务模式，将物流配送、生鲜水果、日用百货销售、洗衣等便民服务进行线上线下融合，既方便了周边居民又集约了人力和空间资源。“北京家政服务网”通过与市社区服务中心 96156 热线联合运营，可提供包括家庭保洁、接送服务、家庭烹饪、装修装饰、洗染服务等共 10 大类 50 余小类的家庭服务。目前，网站拥有近千家家政合作企业及网点，服务辐射 16 个区；网站累计访问量超过 800 万次，网站和电话热线受理咨询单累计超过 295 万次。这种模式不仅能够满足消费者低价、优质生活服务类商品的消费需求，也能满足消费者生活服务类多样性的消费需求。

## 三、生活性服务业面临的挑战及对策

“十三五”期间，北京生活性服务业发展前景依然广阔。一方面，居民收入水平逐年提升，扩大了生活性服务消费新需求；另一方面，信息网络技术的迅猛发展，拓宽了生活性服务消费新渠道。这为生活性服务业提质增效、转型升级提供了新的助力，但也对生活服务业发展提出新的挑战。首先，我国已进入全面建成小康社会的决胜阶段，人民群众对生活性服务的需要日益增长、对服务品质的要求不断提高；其次，在经济新常态背景下，北京生活性服务业依然面临调结构、防风险、惠民生等多重挑战，亟需解决有效需求乏力和有效供给不足并存，传统比较优势减弱而创新能力不足等深层次矛盾；另外，国家京津冀协同发展战略的实施，亟需北京构建“高精尖”经济结构和产业布局，形成高端引领、创新驱动、绿色低碳的产业发展模式。

### （一）生活性服务业面临的挑战

当前，北京生活服务业发展任务紧迫。面临的挑战包括：

#### 1. 现行部分规章、标准、规范及统计制度滞后于行业发展

目前，家政、美容美发、洗染等生活性服务业现行有效的标准、规范及部门规章有 160 多个，其中 2011 年之前发布的有 93 个。也就是说，56% 的标准和规范是在“十二五”之前发布实施的，滞后于行业发展。

生活服务业统计制度亟待完善。各地生活服务业涵盖门类和提法不一，缺乏统一口

径、系统的统计支撑。因此，北京还需在国务院、商务部等相关文件的基础上，根据“行动计划”，建立健全生活性服务业企业准入、运营、退出等机制，并尽快建立适应行业发展需要的统计评价体系，提高生活性服务行业科学化管理的水平，促进生活服务业有序健康发展。

#### 2. 生活性服务业业态不成熟，发展结构亟待完善

从生活服务业发展水平来看，业态模式不够丰富，规划配套有待完善；社区商业的抗风险能力较低，生活服务业的管理水平不高；从发展水平来看，北京生活性服务相对落后于国际中心城市和大都市；从空间布局来看，生活服务业态空间布局不合理，高、中、低档的生活性服务发展比例不够协调，部分高端服务存在无序重复建设、盲目恶性竞争等现象，而基础性的消费性服务网点还需加强布局建设。

其实，生活性服务的要素密集度属性更适应中国当前非熟练劳动比较丰裕的要素禀赋状况，并且生活性服务业的发展也需要大量的生产性服务投入，会对生产性服务需求有拉动作用。因此，构建合理的发展结构，是发展生活服务业所面临的重要课题之一。

#### 3. 生活服务业企业运营成本较高，企业负担重

生活服务业企业普遍反映存在“三高”问题。一是缴税名目多、增值税高。如餐饮企业缴纳的税种多达十几种；服务业税赋高于制造业，而服务业中生活性服务业营业税率又高于其他服务行业；二是生活性服务业人工成本过高：生活性服务企业大多为劳动密集型企业，员工人数多，人工成本、保险费、社保等企业负担比较重；三是水、电、煤气、房租等成本不断上升，而这些费用占生活性服务企业成本的比例较大，经营利润空间逐渐降低。因此，应适当考虑生活服务业便民服务的准公益性，减轻企业税费负担，研究探索根据其保障民生、安置就业和承担公益的情况，给予与民生密切相关的服务企业优惠政策。

### （二）生活性服务业发展对策

依据规范化、连锁化、便利化、品牌化、特色化发展的“五化”要求，大力发展生活

服务业。近年来，北京拟加快实施“三项重点工程”（即：品牌建设工程、营商环境建设工程、人才培养与岗位技能培训工程），全面推进“六项重点工作”（即：加强便民网点建设、促进新型商业模式发展、探索服务功能集成、引导业态转型升级、深化开放合作、推动绿色发展），力图到2020年实现“四个提高”，即全市生活性服务业服务水平和企业发展质量效益明显提高，行业组织化、信息化程度明显提高，品牌影响力明显提高，法治化营商环境建设水平明显提高。①

针对目前面临的困难和存在的问题，下一步拟采取以下举措：

### 1. 完善机制，增加服务有效供给

政府要建立健全生活性服务业企业准入、运营、退出等机制，促进生活性服务业有序健康发展。加快完善生活性服务行业法律和标准体系建设，完善服务业发展规划体系，发挥政府、企业和协会之间的联动作用，从源头上严格控制低水平重复建设，有序推进行动计划提出的“三项工程、六项重点工作”。

一是制定和完善管理法规与行业标准和规范，建立生活服务业评价指标体系。应尽快建立生活服务业评价指标体系，尤其要建立国际一流的生活服务业的评价体系。引导行业协会立足首都实际，在便利店（超市）、餐饮、便民菜店、洗染、美容美发、家政服务、再生资源回收等生活性服务业现行有效的160多个法律法规规章、标准和规范基础上，进一步完善企业开业条件、分等定级等行业规范。鼓励西城等条件成熟的区县，结合本区县实际情况，率先制定区域性的生活性服务业网点布局和管理规范，提高生活性服务业规范化建设水平。

二是提高市场准入门槛。合理调整餐饮、洗浴、家政等生活性服务行业市场准入条件，完善实行生活性服务业行业市场准入制度，对不具备资格的企业或个人严格限制进入市场。同时，强化职业资质认证管理，要求从事生活性服务业的各类技术人员必须持证上岗。

三是清理现有行业管理法律法规。应加快清理现有生活服务行业管理法律法规陈旧过时等问题，修改过时的违禁条款或标准，并根据生活性服务业行业市场和业态细分的发展

① 《北京市提高生活性服务业品质行动计划》（京政发〔2015〕40号）。

趋势，适时调整工商登记经营范围目录。

四是加强对生活服务业企业的考核。制定实施《北京生活性服务业品质提升考核（评价）办法》，传递压力，明确各区责任，形成推进合力。

### 2. 借鉴商业模式创新经验，满足新型消费需求

为了实现“宜居之都”的目标，提升首都居民的生活品质，北京可借鉴以下国际、国内先进经验，创新生活服务业发展模式。

（1）社区商业模式创新借鉴

从发展趋势来看，随着中国城镇化的快速发展，未来北京商业的发展空间和机会，将逐步从中心城区转向社区，社区商业将成为未来主导整个消费行业最重要的一环。在社区商业方面，可借鉴的经验比较多，例如欧洲的“中心主题”社区商业模式、纽约的“一站式 Mall”、新加坡的“邻里中心”、日本的“造镇计划”。

（2）融合嵌入模式创新借鉴

融合嵌入式生活服务业往往需要发达的交通体系、合理的空间布局与生产性服务业相辅相成。在空间布局方面，香港的立体型销售网络、上海的“以点带线”“以线带面”的社区商业网络结构、深圳的“特区—郊区圈层结构”对发展融合嵌入式生活服务业都很有借鉴意义。

（3）“互联网 + 生活服务业”模式创新借鉴

“互联网 + 生活服务业”主要依托于发达的互联网系统和物联网系统。例如，国际快递巨头 UPS 和联邦快递除了涉足物流业务，同样涉足日常生活服务业业务，并开展电商活动。其线上线下融合的业务模式具有一定的代表性。

（4）集聚区发展模式创新借鉴

特色商业街区是集聚区的重要表现形式。纽约的“特色街区商业街”、日本的“商业街协同组合”、欧洲的“中心主题”街区具有一定的代表性。北京可借鉴以上经验，创新生活服务业业态，从而增加服务有效供给，扩大服务消费需求，提升服务质量水平，切实满足建成国际一流和谐宜居之都的要求。

### 3、配套保障措施，激发服务企业活力

一要加大财税支持力度。生活性服务业作为便民、惠民性的服务行业，基本为生活保障性业态和业种，绝大多数是微利经营，如果没有政府在政策和资金上的扶持，很难持续发展。因此，生活性服务业的发展更加依赖于政府的大力扶持。

二是加大金融支持力度。应切实贯彻银监会关于支持小型微型企业融资的通知精神，加大对生活服务企业信贷支持，在机构准入、资本补充、资本占用、不良贷款容忍度和贷款收费等方面，实施具体的差别化监管和激励政策。可将生活性服务业企业的店名、商标、消费者中的声誉等无形资产以及稳定的现金流纳入授信的范围。鼓励政策性银行为生活性服务业聚集区、商业街等商圈内的中小商贸服务企业提供免息、贴息和低息贷款。对信用较好的中小商贸服务企业可提供“贷款绿色通道”，切实保障其资金来源，减轻生活服务业发展负担，从而使其释放市场活力，进而惠及百姓需求。

# 第四章　流通产业发展报告

## 一、流通服务业发展总体概况

### （一）流通产业总体发展态势良好

#### 1. 社会消费品零售额稳步增加

2015 年，北京市在全国城市消费市场中率先实现社会消费品零售总额（以下简称“社零额”）突破“一万亿”，达到 10338 亿元，与 2014 年 9638 亿元“社零额”相比，同比增长 7.3%。北京市“社零额”的稳步增加，连续八年保持全国最大城市消费市场的地位。

#### 2. 流通服务业规模持续扩大

北京市流通服务业规模持续扩大，对经济增长的贡献稳固提高。2015 年，服务业实现增加值 1.83 万亿元，占全市地区生产总值比重达 79.8%，高于全国 50.5% 的平均水平，对全市经济增长的贡献率达 89.9%。

#### 3. 流通服务业就业贡献率依然较大

2015 年，北京市服务业企业缴纳税收占国地税收入超过八成（87%），吸纳全市就业人口超过七成（约 76%）。与 2014 年相比，流通服务业就业贡献率依然较大。

## （二）商业特色街培育优化发展

### 1. 特色商业街发展格局日趋多元化

“十二五”时期，北京特色商业持续快速发展，初步形成以27条挂牌市级特色商业街为代表，市、区两级特色商业街有序发展，古都风情街、专业商品街、现代时尚街、休闲消费街4类特色商业街协同发展的多元化格局。27条特色商业街为：南锣鼓巷、南新仓、红桥市场、前门大街、鲜鱼口、天坛古玩城、烟袋斜街、大栅栏街、大栅栏西街、护国寺街、琉璃厂、世贸天阶、北京古玩城、秀水街、观音堂画廊街、雅宝路、蓝色港湾、酷车小镇、高碑店古典家具街、潘家园旧货市场、北京台湾街、簋街、什刹海茶艺酒吧街、马连道茶叶街等。

### 2. 特色商业街实现“六个提升”

“十二五”期间，北京市共支持前门鲜鱼口美食街、酷车小镇、五道营、天坛古玩城、顶秀美泉欧洲风情街等5条特色商业街提升改造。实现了商业街发展的“六个提升”，即提升了商业街的主题特色，提升了商业街的商品品位和档次，提升了商业街的软硬件环境，提升了商业街的人性化、国际化购物品质和服务工作能力，提升了商业街的知名度和影响力，提升了商业街对周边商圈的辐射力和带动力。

### 3. 老字号企业主体不断壮大

北京市老字号企业不断壮大。截至2015年底，北京老字号企业共计166家，涵盖商业、餐饮、服务、工业和文化等多种行业，为市民和国内外游客提供古都风韵特色的商品及服务，成为北京市对外交往的名片。

## （三）流通服务业结构升级改革效果显著

### 1. 生产性流通服务业“供给侧”结构性改革初见成效

“十二五”期间，北京市以服务业扩大开放综合试点为契机，推动“供给侧”结构性改革，促进北京生产性流通服务业市场化、专业化、国际化发展。北京生产性流通服务业在国内具有明显优势，以不到全市30%的能耗总量、40%多的从业人员，创造了全市50%以上的增加值，70%左右的国地税收入，“十二五”时期对全市经济增长的贡献率超过60%。

#### 2. 流通产业调整升级，非首都功能疏解不断推进

2015年，北京市继续积极推进流通产业调整升级和非核心功能疏解，上半年各区县已清退、拆除市场60个，其中：东城3个、西城5个、朝阳7个、海淀8个、丰台15个、石景山4个，营业面积42万平方米，1.1万个摊位；完成市场升级改造10个。为实现京津冀一体化发展进行了有力推动。

#### 3. 商品性消费需求向服务性消费需求转移

随着居民消费升级，北京市商品性消费需求增速有所放缓，拉动消费市场增长的动力逐步转向旅游、信息、教育、文化等服务性消费，服务性消费潜力加快释放。2015年，北京市实现总消费1.86万亿元，其中服务性消费8308亿元，占总消费的比重为44.6%。

#### 4. 服务性消费同比进一步扩大

2015年，北京市市场消费总规模1.86万亿元，比2010年增长65%以上。其中，服务消费额8308亿元，年均增长10.7%以上。生产总值的比重由2010年的75.5%提高到2015年近80%，其中，金融保险、批发零售、信息服务、科技服务、商务服务等成为服务业重要支柱产业。

### （四）流通产业零售品牌引进呈现趋势性调整

#### 1. 品牌引进零售业态呈现趋势性调整

“十二五”期间，专卖店、专业店是外资零售店铺发展主力业态，发展专卖店共计1809家、专业店561家，合计占发展店铺总数的95.1%；实体外资百货店在电商发展迅猛的新形势下，开店脚步放缓，“十二五”期间仅17家；便利店发展迅速，已发展32家。说明北

京市流通产业品牌引进零售业态呈现趋势性调整。

#### 2. 新城地区零售外资店铺发展明显加快

顺应北京市中心城区产业与人口疏解发展趋势要求，中心城区零售外资店铺发展速度有所放缓，新城地区零售外资店铺发展明显加快。“十二五”期间落户城六区零售外资店铺共2134家，比“十一五”落户城六区2204家，减少70家，同比减少3.2%；“十二五”期间落户郊区县零售外资店铺共359家，比“十一五”落户郊区县82家，增加277家，同比增长338%。

## 二、流通服务业发展的环境分析

### （一）政策环境

政府政策的支持和引导是北京市流通服务业迅速发展的重要推力。国家层面先后出台《国务院关于深化流通体制改革加快流通产业发展的意见》《国务院关于印发服务业发展“十二五”规划的通知》《关于促进内贸流通健康发展的若干意见》《国务院关于加快发展生产性服务业、促进产业结构调整升级的指导意见》等文件；“十二五”期间，北京市编制下发的《北京市“十二五”时期商业服务业发展规划》《北京市“十二五”时期农产品流通体系发展规划》等政策文件，为北京市流通服务业的健康发展提供了良好的政策环境。

### （二）经济环境

北京市居民消费结构进一步升级，服务性消费增速加快。2015年，北京市总消费额1.86万亿元中，服务性消费达8308亿元，占总消费的比重为44.6%，年均增长10.7%以上。北京居民对旅游、信息、教育、文化等服务性消费需求仍然具有很大空间，为发展北京市流通服务业提供坚实的经济支撑。

### （三）社会文化环境

承办北京奥运、亚太经和组织峰会、京交会、冬奥会等会议或赛事，推动了文化资源的聚集，带动文化消费进入快速增长期，首都社会转型加速，社会结构和形态深刻变化，社会文化利益诉求更趋多元，市民精神文化需求快速增长，有利于增强首都软实力，提升北京市特色商业街、中华老字号知名度和影响力，为北京市流通服务业的发展建立了优越的社会文化环境。

### （四）科技环境

北京聚集如中关村科技园、丰台科技园区等多个科技总部基地和孵化器基地，具备大量科技人才和资源。“十二五”期间，北京市出台引进科技人才落户等激励政策，均为北京市流通服务业的创新发展提供了良好的技术基础。

### （五）地域环境

北京作为我国首都城市，地域环境优势明显。随着京津冀协同发展的同步进行，北京市流通服务业结构性的调整升级得以积极推动，有利于产业聚集和优势产业深化调整，有利于充分利用周边城市的区域优势，有利于北京市流通服务业优化发展，为北京市发展流通服务业提供了优越的地域环境条件。

## 三、流通服务业存在的主要问题及其原因

### （一）商品交易市场综合能力较弱

据北京市工商局统计数据显示，截至2014年上半年，全市共有商品交易市场1307个，其中位于城市功能核心区（东城、西城）的市场总数140个，功能拓展区（朝阳、海淀、丰台、石景山）575个，城市发展新区（房山、顺义、昌平、大兴、通州）455个，生态涵养区（门头沟、怀柔、平谷、密云、延庆）137个。

但是，商品交易市场网点覆盖率提高后，零售环节仍然存在综合能力建设的不足，例

如，虽然居民“买菜难”问题得到初步解决，但是“买菜贵”问题的监管调控手段明显不足。部分存量蔬菜网点利用的是临建设施，缺乏正规的手续。在各区县进行低端业态清理时，临时建筑性蔬菜网点往往被纳入清理和关停计划中，部分地区因此会再次出现局部买菜不便问题。

### （二）“互联网 + 商贸”相关服务体系尚不完善

北京“互联网 + 商贸”推动流通服务业模式不断创新发展，同时也成为扩大消费有效供给、培育新兴消费热点的主要动力。但是目前，北京“互联网 + 商贸”相关服务体系尚不完善，例如：电商配送服务体系，对于电商配送普遍使用的电动三轮车，国家尚无统一标准，车辆被扣罚现象时有发生，“最后一公里”配送难题制约了电商企业发展步伐。

### （三）流通服务业区域协同发展任务艰巨

目前，京津冀流通一体化发展有序进行，北京市在京津冀零售业努力做到相互延伸、融合发展。但在很多方面仍然存在不足，流通领域非首都功能疏解任务艰巨。主要承载区域商品流转、仓储、运输、批发功能的区域性商品交易市场，不符合首都城市战略定位，例如，电子商务交流平台的搭建尚不健全，区域物流配送体系不完善，区域布局尚未完全优化等。

### （四）特色商业街的发展与首都社会经济发展环境尚未完全吻合

特色商业街是目前北京市流通服务业的重点发展领域，得益于以下几方面：一是政府支持和引导是北京特色商业街迅速发展的重要推力；二是奥运、亚太经和组织峰会、冬奥会等服务为北京特色商业街发展提供了绝佳契机；三是坚持特色、深化特色是北京特色商业街发展的关键要素；四是市场化机制是北京特色商业街发展的内在动力；五是品牌塑造宣传推广为北京特色商业街发展提供推力。

但是目前，北京特色商业街的发展与首都社会经济发展环境的要求仍然存在一定差距：一是一些特色商业街不适应市场环境和消费需求变化面临转型；二是现有管理模式复杂多样，对商业街运营有一定制约；三是配套设施建设相对滞后，商业街的发展客观上受限。

### （五）流通企业跨境发展仍需进一步拓展

目前，北京通过“京交会”等平台，塑造“北京服务”品牌，为北京市流通服务业发展提供了良好的发展契机，电子商务企业跨境交易业务在逐年增加。但从发展规模上看，仍需进一步拓展，应主动融入“一带一路”战略构想，促进商业品牌零售企业境外投资；推进文化出口示范基地建设，推动北京品牌“走出去”。

## 四、北京市流通服务业发展建议

### （一）强化流通服务业“互联网 +”项目健康发展

#### 1. 巩固电子商务多模式发展，优化电子商务服务支撑体系

北京市应该通过搭建国内外电子商务交流平台，进一步扩大北京市自营 B2C 电子商务的集聚效应；继续保持 B2B 平台的强劲发展势头；积极发展多样化的 O2O 创新模式；以自主创新示范区丰富的创新资源和国家级电子商务示范基地的建设为依托，推动“互联网 + 商业”创新模式在居民生活服务、休闲娱乐、旅游、金融等领域的应用；支持电子商务企业向农村等市场的延伸业务。同时，应适时搭建和积极维护现有电商公共服务平台；推进商务领域大数据公共信息服务平台建设；积极推进电子商务诚信体系建设。

#### 2. 积极推动产业融合发展

北京市应以落实国务院《关于促进电子商务健康发展的意见》为契机，将电子商务建设作为发展现代流通服务业的战略任务，加强规划和引导，推进“互联网 +”与社区商业、老字号、农产品流通、传统企业等相关产业的融合发展，创新线上线下便民服务新模式。积极抓住北京市服务业扩大开放综合试点机遇，引导企业积极对接跨境平台，促进内外贸

易融合发展。加快推进电子发票与电子会计档案综合试点，推动电子发票入账报销、归档保管等相关制度体系的建立完善，推进财税管理信息化建设和国民经济大数据分析。

## （二）积极推动特色商业街高质量发展

### 1. 完善特色商业街发展机制，积极推进商业街特色提升

一方面，融合北京商业传统文化内涵，不断推进北京特色商业街发展机制建设，建立完善特色商业街评价标准，健全评价体系，加强对街区基础设施、经营业态、商业环境、服务水平的引导和规范，推动特色商业街的品质化发展。另一方面，加快整合区域资源，强化特色聚集，完善软硬件服务功能，促进特色商业街向品牌化、规范化、国际化方向发展；引导特色商业街区向郊区县发展；建立特色商业街动态评价和监管服务机制，将特色商业街推广纳入城市营销体系。

### 2. 加速老字号传承与创新

加速推动北京老字号传承创新发展，引导老字号在技艺传承、新品开发、市场营销等方面应用现代信息技术；推动北京老字号认定工作，加强“非遗”保护，推动老字号技艺传承；继续组织老字号企业整体入驻本地生活化服务电商平台，扩大老字号等传统企业网上专区入驻范围；不断扩大老字号企业规模，搭建国内外交流平台，鼓励北京老字号“走出北京”，向远郊区和国内外发展，积极拓展国际市场，提升影响力和知名度。

## （三）加快推进区域流通协同发展

### 1. 完善区域流通体系整合建设

北京市应积极构建和发展区域流通体系，才能促进流通领域的区域协同发展。因此，北京市应强化京津冀流通一体化发展的顶层设计；有序完成中低端批发市场的转移和疏解；鼓励流通企业配合区域重大交通基础设施的建设；与津冀地区共同规划建设区域性物流基地；鼓励北京企业在天津保税区设立仓库和集散中心，构建和完善区域物流配送体

系；建立京津冀流通产业发展基金，加快区域性流通基础设施的建设和发展。为京津冀三地"老字号"企业、优势企业和特色品牌发展创造条件，发挥京津市场窗口优势，提升市场竞争能力和流通服务水平。

#### 2. 搭建"大流通"区域交流发展平台

北京市应该通过京津冀三方合作，搭建电子商务交流平台，树立"大流通"的流通服务业发展理念，发挥其电子商务发展的领军优势，推进三地电子商务创新发展，将北京市建设成为区域性乃至全国流通技术创新和应用中心；探索与津冀商务部门共同建立服务于流通企业的区域性公共信息服务平台；通过区域市场一体化协议的推行，积极推动北京市流通企业扩大区域性营销网络。

### （四）促进流通市场综合能力提升

#### 1. 持续推进非首都功能有序疏解

北京市应做好区域性流通市场的外迁工作，实现有序疏解非首都功能，有效较低北京人口密度，实现城市发展与资源环境相适应，为首都城市建设和经济发展提供资源保障。

#### 2. 推动商品交易市场调整升级

一是抓住重点带动传统商品交易市场调整升级；二是加强市场设置与运营标准研究，严格控制市场增量；三是加强省、市部门交流与对接，搭建区域市场转移疏解工作平台；四是严格执行新增产业的禁止和限制目录规定；五是不断推进商业设施升级改造工作。

#### 3. 提升流通企业绿色发展能力

北京市应该加大发展绿色流通的力度，实行行业能耗限额制度，择机加快推进物流基地使用第三阶段及以上排放标准车辆进行货物运输；制定和实施流通服务业燃煤设施清洁能源改造方案，加大促进货运车结构调整及节能减排的力度；鼓励商业企业采购和销售绿色产品，推广绿色低碳采购；推动节能技术改造，培育绿色市场、商场和饭店。

## （五）提升流通服务业品牌效应

### 1. 积极促进新常态下零售外资健康发展

一是积极吸引国内名优品牌商品进入北京，提升国内品牌在京聚集度；二是大力吸引国际顶级品牌商品聚集北京，打造国际化、个性化时尚之都；三是鼓励零售外资加快发展新业态、新模式、新服务，引领北京商贸流通产业向高精尖加快转型升级；四是鼓励零售外资发展重心从中心城区向新城地区和郊区转移，完善城市外围地区宜居商业服务环境，吸引中心地区人口逐步向城市外围地区疏解转移。

### 2. 创新品牌传播渠道，提升品牌效应

北京市应该进一步加大对老字号的宣传，创新品牌传播渠道。应用好传统媒体和新媒体拓宽老字号品牌传播渠道，弘扬老字号文化，吸引社会关注，培育新的消费群体。同时加大知识产权保护工作，加强对老字号的商标、专利等自主知识产权的保护。同时，应该推荐老字号参与北京市“诚信商店”的认定，用诚信带动消费；增加旅游定点企业，扩大老字号文化的窗口，繁荣旅游消费市场；进一步发展文物艺术品拍卖，扩大国际国内知名度；开发和引入大型国际国内展会，积极打造会展品牌。

# 第五章　电子商务发展报告

2015年，是实施“十二五”规划的收官之年。五年间，北京电子商务迅速发展，应用领域不断扩展、深化，已经成为首都经济增长的重要引擎、供给侧改革和产业升级的主要方向、商业企业快速发展的有效途径，为北京疏解非首都功能、打造宜居城市、拉动经济增长做出了突出贡献。

## 一、电子商务发展总体情况

### （一）2015年全市网上零售额突破2000亿元

自2010年开展网上零售统计以来，北京市网上零售额逐年实现跨越式增长，五年间增长12倍多。市统计局数据显示，全市限额以上批发零售企业网上零售额逐年实现跨越式增长，由2010年的120亿，增长到2015年的2016.9亿元，突破了2000亿，同比增长40.2%，高于全国总体水平8.6个百分点；占全市社会消费品零售总额（以下简称“社零额”）的比重也从2010年的2%迅速增至19.5%，拉动社零额增长6个百分点，对社零额增量的贡献度达82.2%。

表5-1　2010-2015年限额以上批发零售企业网上零售额

| 年度 | 零售额（亿元） | 占全市社零额比重(%) |
|---|---|---|
| 2010 | 120 | 2 |
| 2011 | 298.7 | 4.3 |
| 2012 | 596.8 | 7.7 |

续表

| 年度 | 零售额（亿元） | 占全市社零额比重 (%) |
|---|---|---|
| 2013 | 926.8 | 12.8 |
| 2014 | 1456.9 | 16 |
| 2015 | 2016.9 | 19.5 |

★根据历年市商委流通发展处工作总结整理

## （二）电子商务应用水平较高

截至 2015 年，限额以上批发和零售业法人单位共有 488 家开展网上交易，约占全市限额以上商业法人单位总数的 6%；限额以上住宿和餐饮业通过公共网络实现餐费收入的单位数为 649 家，占全部限额以上住宿和餐饮企业的比重约为 20.6%。[①]

工业电子商务的发展是电子商务应用水平的重要标志。以北京、上海、福建、广东和安徽等为代表的多个东部、沿海或北部省市当前的工业电子商务已经十分普及并得到了深度应用。2015 年，北京工业网上采购额和网上销售额占比分别为 88.98% 和 76.21%，均名列全国第一（表 5-2）；同时，电子商务采购普及率达到 45.21%（名列全国各省区第 8），电子商务销售普及率为 39.73%（名列全国各省区第 10）。

**表 5-2　网上采购额和网上销售额占比前 10 大省市**

| 排名 | 网上采购额占比前 10 大省市 | | 网上销售额占比前 10 大省市 | |
|---|---|---|---|---|
| | 省市 | 占比 | 省市 | 占比 |
| 1 | 北京市 | 88.98% | 北京市 | 76.21% |
| 2 | 上海市 | 50.41% | 福建省 | 27.02% |
| 3 | 辽宁省 | 48.33% | 上海市 | 24.34% |
| 4 | 江苏省 | 44.83% | 湖南省 | 11.85% |
| 5 | 安徽省 | 42.62% | 广东省 | 7.47% |
| 6 | 江西省 | 30.35% | 江苏省 | 5.63% |
| 7 | 四川省 | 22.60% | 辽宁省 | 4.85% |

① 数据来源：北京市统计局。

续表

| 排名 | 网上采购额占比前 10 大省市 | | 网上销售额占比前 10 大省市 | |
|---|---|---|---|---|
| | 省市 | 占比 | 省市 | 占比 |
| 8 | 河南省 | 19.28% | 安徽省 | 3.92% |
| 9 | 陕西省 | 18.97% | 天津市 | 3.58% |
| 10 | 湖北省 | 16.81% | 浙江省 | 3.48% |
| | 总体 | 20.76% | 总体 | 1.32% |

★ 数据来源：中国两化融合服务联盟

## （三）跨境电子商务业务活跃

据亚马逊中国发布的《2015 跨境电子商务趋势报告》显示，北京位列“2015 亚马逊‘海外购’交易额”城市排名首位。2015 年相比 2014 年，北京人在亚马逊海外各站点直邮购买金额增长近 5 倍。

2015 年北京市邮政小包出口并纳入海关统计的货物达 1.06 亿件，货值 13.3 亿美元，占全市出口总额的 2.4%；个人直购进口 13.7 万票，验放商品 31.3 万件，涉及 225 个进口国家和地区。中国出口跨境电子商务卖家主要集中在广东、浙江等地，北京位列第 6，所占比重由 2013 年的 4.2% 增长到 2015 年的 5.2%（图 5–1）。

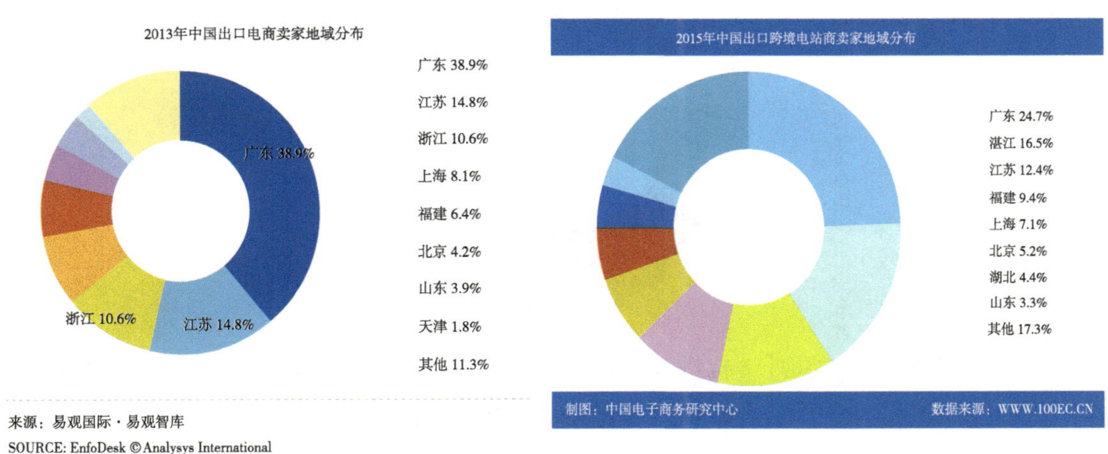


图 5–1　2013 和 2015 年中国出口电商卖家地域分布

★ 资料来源：中国电子商务研究中心，《2015–2016 中国出口跨境电子商务发展报告》

## （四）市场支配能力进一步增强

**全国重要的电子商务企业进一步聚集。**全国自营 B2C 平台交易规模市场份额前九名中，京东、国美在线、当当网、亚马逊、聚美优品等 5 家北京企业交易规模占全国总量的 67.9%[①]；B2B 平台营收市场份额占全国总量的 10% 以上，位居全国城市前三甲；规模以上电商企业数量显著增加，当当网、兰亭集势、聚美优品、京东等 4 家企业先后在美国上市，国际影响力不断提升。2015 年 9 月，阿里巴巴集团正式宣布启动杭州 + 北京双中心战略，在北京成立新总部，依托北京辐射整个北方市场为超过 4 亿的消费者提供服务，进一步提升了北京电子商务产业资源支配力。

**北京电子商务领域投融资活跃。**根据创业邦统计[②]，2015 年前 3 季度电子商务领域的投融资事件共有 273 起，金额达到 45 亿美元以上。投资项目主要集中在北京、上海、广东、浙江，其中北京独占 90 起，占比达到 32%。

2015 年以来，在“大众创业，万众创新”指引下，国内依托云计算、大数据和移动互联网的创业活动风起云涌。目前，移动互联网相关创业主要集中于北京、上海、深圳、杭州、广州和成都，六大“双创”（大众创业，万众创新）城市孵化的创业公司合计占全国总量的 81%，而北京创业公司在绝对数量上远超其他城市，占全国超过三分之一（参见图 5–2）。“文化之都”北京拥有良好的媒体和教育氛围，文体娱乐和教育行业在本地发展较好（图 5–3）。

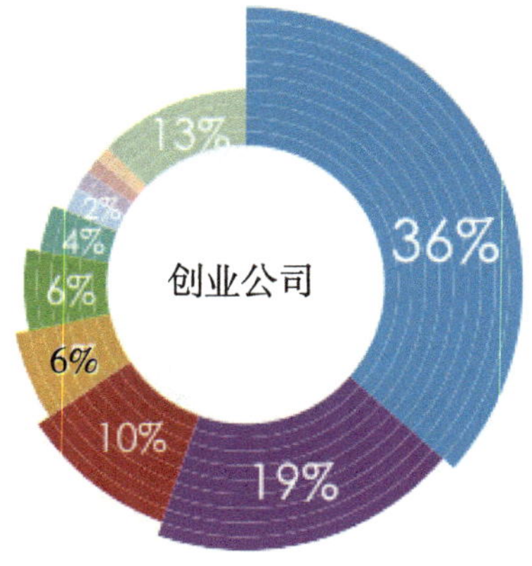


**图 5–2 创业公司全国重点城市分布**

★资料来源：《“移动互联网 +”中国创业创新生态研究报告》，阿里研究院，2015

---

① 艾瑞咨询公布的 2015 年中国网络购物市场交易数据。

② 创业邦 . 2015 年中国电商投融资简报 [EB/OL](2015-12-23)[2016-03-26]. http://www.199it.com/archives/420602.html.

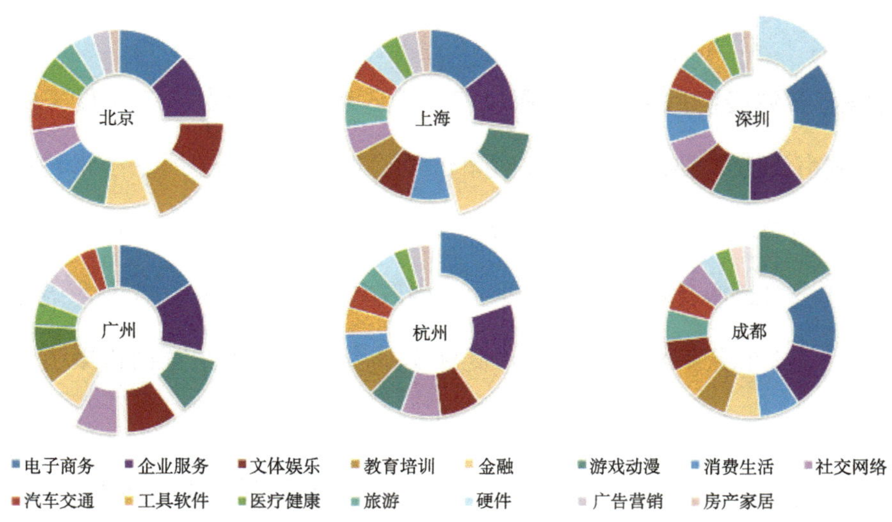


**图 5-3 热门“双创”城市创业产业特色**

★资料来源:《“移动互联网 +”中国创业创新生态研究报告》，阿里研究院，2015

## 二、电子商务发展主要特点

### （一）龙头电商强力带动，产业生态日益完善

根据第三方咨询机构数据显示，京东、国美在线、当当网、亚马逊、聚美优品等龙头企业构建了强势的自营 B2C 平台，全市交易规模占全国三分之二强，B2B 平台营收市场份额占全国超过一成，规模以上电商企业数量显著增加。

根据阿里研究院的数据[①]，参与阿里巴巴商业生态的活跃服务商增速由2012年的1.8%，增长到2015年的33.5%，其中，浙江、北京、上海、广东、福建的电子商务服务业发展名列前茅，广东省的服务商总数最多，北京、上海的服务商密度最高。

由此，北京已经形成了龙头电商和骨干电商快速增长、强势带动，中小电商特色化、专业化规模发展的集群格局。

① 阿里研究院．阿里商业服务生态白皮书（2016）http://m.taohua.com/markets/fuwu/report.

## （二）线上线下相向而行，融合度不断提高

**电子商务与实体经济融合发展的深度和广度不断拓展。**据2015年度《中国线上线下互动（O2O）城市实力20强榜单》，北京市位于榜首。京东、美团、小米科技等电商企业不断提升用户消费体验；西单商场、翠微大厦、王府井百货等传统企业应用电子商务实现创新发展，打造全渠道服务体系；百花蜂业、内联升、菜市场百货等19家老字号企业在京东开设旗舰店，232个老字号门店入驻百度外卖平台，进一步拓宽销售渠道，提升品牌影响力。

北京市统计局数据表明[①]，2015年，开展网上销售的传统企业达到288家，零售额同比增长14.3%，比全市社零额增速高7个百分点，比未涉足线上业务的企业高15.8个百分点。67家网上商店中有17家开展了实体店铺销售，虽然实体店实现的零售额较小，仅占其零售额的12.4%，但同比增长7.1倍。

## （三）"互联网+"助力生活服务，不断提升城市宜居品质

**电商企业与生活性服务业融合发展，不断创新服务模式。**大道信通打造"东单菜市场悠惠生活馆"O2O品牌，采取集采直供、C2B等模式为社区网点统一供货，形成新型商业便民服务综合体模式；味库与大型超市、知名餐厅、互联网餐饮品牌合作，提供标准化半成品菜品配送及烹饪指导；小麦公社与高校合作建设快递服务网点；玮家科技与社区、校园、办公楼宇的物业公司合作建设"收发室"智能配送服务系统等。

**农产品电子商务双向发展，接轨城市品质生活。**一方面，龙头电子商务企业开始重视农产品电商市场。如京东、亚马逊等龙头电商纷纷上线农产品频道，主打果蔬、水产等特色农产品营销。另一方面，传统农批市场积极打造电子商务平台，借力互联网推动产业发展。新发地农批市场积极打造B2B、B2C交易平台，向整合生产环节、销售渠道和消费市场的大宗农产品平台电商转型，2015年实现网上销售8亿元；锦绣大地批发市场积极拓展线上业务，2015年交易额突破10亿元。海淀、平谷、密云和门头沟等区积极开发建设区域性农产品公共服务平台，如平谷商网、一品密云、京西特产、京东绿安特产体验馆等服务

① 市统计局，《北京2015年消费零售总额突破1万亿 电商占比超两成》，2016.2.3。

平台，引导帮扶本区农产品企业和农业合作社线上销售优质特色农产品。

## （四）管理和服务流程创新，保障跨境电子商务快速发展

2015 年 6 月，北京跨境电子商务公共信息平台上线运行，打通了通关、物流、结汇、退税等管理服务环节。海关实施负面清单管理和“通道式验放”监管模式，对个人直购进口采取“清单核放、汇总缴纳”，对货物一般进出口采取“清单核放、汇总申报”方式办理通关手续；检验检疫部门实施便利备案、便利申报、便利放行监管模式；国门商务区、北京站跨境电商监管场所、首都机场快件监管中心投入使用；北京站邮政处理中心成为跨境电子商务口岸一般出口的主渠道，可实现 24 小时便捷通关。目前已形成 O2O 直购体验、“平台中的平台”和跨境电商综合服务平台等三大类跨境电子商务经营模式。

## （五）强化物流信用基础体系，支撑电子商务健康发展

**城市快递服务能力得到提升。**2015 年，全国快递服务企业业务量累计完成 206.7 亿件，同比增长 48%；业务收入累计完成 2769.6 亿元，同比增长 35.4%。业务量城市排名中，广州、上海和北京位列前三甲，北京达到 141447.3 万件。

**龙头电商服务网络得到强化。**为了提高末端配送网点的综合服务能力，龙头电商自建物流遍布全国。京东在全国 46 个城市运营 196 个大型仓库，并拥有 4760 个配送站和自提点，自建物流体系覆盖区县数量已增至 2266 个；小笨鸟设立集展厅、零售、批发于一体的海外运营中心，实现海外市场线上线下（O2O）结合；敦煌网在美国、西班牙、迪拜等地设立海外展示中心和海外仓，采用“前展后仓”的展贸式线下站点模式，开展“买全球卖全球”业务。

**城市信用认证服务进一步改善。**近年来企业对第三方信用服务的市场需求总体上处于增长态势，社会诚信意识明显提升，主动为自身增信的企业日益增多。据央行营管部数据显示，2015 年全国共有备案企业征信机构 107 家，其中北京 40 家，上海 22 家。本市拥有 8 家电子认证服务机构，56 家第三方支付机构，其中跨境电子商务第三方支付试点机构 9 家，数量均居全国首位。

**电子商务发展基础更为夯实。**截至 2015 年底，北京市网民数量达到 1647 万人，网民规模增速 3.4%，较上年提高 1 个百分点，互联网普及率为 76.5%，位居全国第一，网站数量 51.4 万个，占网站总数的 12.2%，位居全国第二[①]；4G 基站累计达 4.09 万个，基本实现了城区、乡镇及行政村的全覆盖；移动用户超过 4000 万户，其中 4G 用户超过 1000 万户；具备光纤接入能力的用户超过 1000 万户，宽带用户约 668 万户[②]。调查显示[③]，截至 2015 年第二季度，北京固定电话普及率为 37.8%，手机普及率高达 193.7%（人均约 2 部手机），均为全国最高。随着智能终端的高度普及，移动商务的应用范围不断拓展，商务模式不断创新。

## 三、电子商务推进主要措施

### （一）强化政策支持

落实国务院大力发展电子商务的文件精神，协调多部门建立工作联系机制，形成工作合力，优化电子商务发展环境。修订完善网络零售支持政策，对拉动本市网络消费增长贡献突出的企业给予扶持。利用中关村现代服务业试点资金和北京市商业流通发展专项资金，加强线上线下融合发展示范项目的培育，通过示范引导，鼓励电商模式创新，创造消费需求，带动传统企业转型升级。

### （二）完善电子商务示范体系

积极开展国家电子商务示范基地和示范企业创建工作，截至 2015 年年底，北京市共有 5 个国家级电子商务示范基地、4 座电子商务特色楼宇，45 家国家级电子商务示范企业，入选企业数量和涵盖电子商务品类均居全国首位，形成了比较完备的电子商务产业链体系，示范带动作用不断增强。

---

① 数据来源：第 37 次中国互联网络发展状况统计报告，CNNIC。

② 数据来源：北京市经济和信息化委员会。

③ 工业与信息化部，《2015 年第二季度通信水平分省情况》，2015 年 8 月。

### （三）搭建行业交流平台

举办“2015中国（北京）电子商务大会”，以“互联网+跨界融合”为主题，搭建了政府、中介组织、企业和社会公众信息共享、项目合作的高端服务平台。通过专题培训、现场对接、座谈研讨等形式，组织传统企业与龙头电商对接，促进线上线下融合发展。组织电子商务人才、技术培训及技能大赛等。

### （四）营造诚信自律的网络交易环境

电商龙头企业联合研究机构发起成立了中国电子商务（北京）诚信联盟，并正式启动电子商务可信交易保障公共服务平台，进一步推动了北京市电子商务诚信体系建设，规范了北京电子商务市场，打造了北京电子商务的诚信形象。举办“点击消费”活动，组织近40家电商企业及开展电子商务的传统企业举办了网络零售大型联合促销活动，惠及了众多消费者，进一步引导商家依法经营、诚信经营，着力打造优质网络促消费品牌，促进了北京电子商务诚信体系建设。

### （五）持续推进电子发票创新应用

截至2015年年底，北京市27家试点企业累计开具电子发票1.5亿张，节约发票用纸90余吨，有效降低了企业经营成本，产生了良好的经济、社会和生态效益。

## 四、“十三五”时期电子商务发展的重点

电子商务能够促进居民消费、提升企业经营效益、带动传统产业转型升级，其中促进消费、拉动内需是其主要作用。“发挥消费促进经济增长的基础作用，通过优化服务供给刺激消费需求，以消费升级引领有效投资，释放内需潜能，促进消费与投资良性互动，推动经济增长动力转换”①，这是北京服务消费在“十三五”期间的主要作用，更是电子商务的重要使命。

“十三五”期间，北京电子商务的发展重点有两个维度。一方面，从电子商务的区域协

① 北京市国民经济和社会发展十三五规划纲要。

同视角来看，其重点是：京津冀、郊区、农超对接和跨境电子商务，综合国内外电子商务资源满足北京居民的消费需求，并进一步发挥首都优势引导境外消费回流。另一方面，从产业结构视角来看，其重点是生活性服务业、生产性服务业的“互联网+”，尤其是电子商务企业与传统企业的双向融合，实现充分的电子化、数字化、信息化和智能化。

## （一）电子商务的区域协同

在区域协同方面，关键工作是农产品电子商务、农超对接、京津冀协同等，核心内容是境内外、核心区与扩散区的物资双向流动。首先，要着力构建“工业品下乡”与“农产品进城”双向互动的农产品流通体系。一是利用“万村千乡”网点和邮政网点作为物流配送节点，为“工业品下乡”提供有力的物流体系支撑。二是积极推动“万村千乡”网点与龙头电商企业对接，探索利用“万村千乡”网点为农民提供商品配送服务。其次，继续鼓励超市企业和流通企业开展农超对接，在此基础上积极推进农电对接的“互联网+”新模式，促进“农产品进城”，鼓励有条件的便利店销售生鲜农产品。支持超市和其他商贸企业生鲜配送中心改造建设，加强与外埠、特别是津冀两地骨干农产品生产合作社和生产企业的对接合作，扩大农产品产地直销规模，不断提升农产品在超市和商贸企业销售占比。

## （二）跨境电子商务

抓住北京市服务业扩大开放综合试点机遇，促进电子商务健康发展。加快推进电子发票深度应用，推进电子发票与电子会计档案综合试点，推动电子发票入账报销；探索与电商平台合作，发挥其境外市场开拓、贸易数据分析等方面的作用，推进跨境电子商务发展。推进跨境电子商务监管模式创新，打造立足北京、服务京津冀、辐射全国的跨境电子商务公共服务大数据平台，推动形成京津冀跨境电子商务园区政策共享、关联企业互助、物流配送互动的协同发展格局。

## （三）生活性服务业品质提升

以落实《北京市提高生活性服务业品质行动计划》为契机，加快发展“互联网+”形态的便民商业服务新模式。支持生活性服务业企业建设面向消费者的行业公共服务平台项目，提升社区居民生活便利度。鼓励龙头电商企业发挥示范带动作用，推广“一站式到家服务”等O2O便民服务，引导生活性服务业O2O创新发展。推进智慧社区建设，鼓励利用社区智能终端设施，提供家政、洗染、家电维修等服务信息，满足居民多元化服务需求。

## （四）加快发展生产性服务业

巩固扩大金融、科技、信息、商务服务产业优势。以释放服务资源效能、提升综合服务功能为导向，大力培育研发设计、节能环保、融资租赁、电子商务等新兴优势产业，积极发展现代物流业，发展壮大会展经济，形成创新融合、高端集聚、高效辐射的生产性服务业发展新模式。

## （五）传统企业电子商务化

加强政策引导，推动传统企业利用电子商务转型升级。一是研究制定网络零售、网络批发的鼓励政策，发挥示范引领作用，引导传统企业转型升级。二是鼓励电商企业与线下企业合作拓展线下渠道，开展线下实体店现场展示、体验及销售等新型模式；三是支持传统企业发展电子商务，通过自建网上商城、开设网购体验专区、入驻第三方平台等，提升经营效益。

## （六）积极探索电子商务模式创新

北京有优越的基础环境和优质的创新资源，鼓励电子商务领域的新业态新模式是未来的重要工作。大力发展互联网型业态，将互联网作为生产生活要素共享的重要平台，深化互联网跨界融合。发展平台型业态，依托业务协同与信息集成，发展资本运作、网络运营、应用服务、基础支撑等平台。提升知识型业态，围绕创新链条的服务需求，重点促进研发设计、技术转移等新兴业态发展。探索发展新的商业模式，支持新兴社区经济、互动体验式购物、新型在线混合型教育、在线健康医疗服务等基于互联网的模式创新。鼓励发展新的创业模式，支持众创、众包、众扶、众筹发展。大力营造勇于创新、宽容失败的社会氛围。

# 五、跨境电子商务专题分析

## （一）跨境电商整体发展情况

2015 年，北京跨境电商持续健康发展。北京海关共验放个人物品直购进口申报清单 13.7 万票，验放商品 31.3 万件，涉及 225 个进口国家和地区，价值 3872.72 万元。全年北京跨境电商邮政小包出口纳入海关统计的货物达 1.06 亿件，货值 13.3 亿美元，同比增长 40.3%，占全国跨境电商出口的四成左右。跨境网购用户呈现年轻化、高学历、高收入的特征，价格、品质和物流速度是跨境网购用户关注的三大因素。消费电子、无线设备、服饰、家居户外是目前中国卖家的畅销品类。

2015 年，北京市企业在“一带一路”沿线 17 个国家累计直接投资额 4.96 亿美元，同比增长 1.5 倍。截至 2015 年年底，北京市在“一带一路”沿线 27 个国家累计直接投资 12.66 亿美元，占北京市境外直接投资存量的 3.4%。累计投资额排名前五位国家为新加坡（6.97 亿美元）、沙特阿拉伯（1.23 亿美元）、柬埔寨（1.10 亿美元）、蒙古（8997 万美元）、白俄罗斯（5914 万美元），占比 85.2%。

## （二）跨境电商的模式特点

### 1. 进口电商“个人直购的 O2O 模式”

2015 年 5 月 21 日，华北地区首家进口商品直购体验店在天竺综保区内正式开业，采取“境外备货 + 保税展示 + 网上直购”的跨境电子商务经营模式。截止 2015 年年底，以林德集团、日上免税行、诚商网为代表的一批企业纷纷落户综合保税区，线下保税仓储、展示，结合线上购买的 O2O 模式成为北京市开展跨境电子商务的特色。

### 2. 出口电商“平台中的平台”

“小笨鸟”“欧商网”对接境外知名品牌电商平台和主流营销渠道，为出口电商和消费者搭建“平台中的平台”。“欧商网”推出进口商品国内国外“同品同质同价”购物模式。“小笨鸟”为出口企业在境外 45 个国家 75 个站点同时发布同一商品信息，目前在其平台上注册企业 21.6 万多家，出口额超过 4 亿美元。“小笨鸟”、敦煌网、国际邮局、首信易支付等均积极发挥各自优势构建跨境电商综合服务平台。

#### 3. 特色外贸综合服务企业

“京贸通—北京市中小微企业外贸综合服务平台”于 2014 年正式启动运行后，整合外贸全流程服务资源，提供外贸政策咨询、客户对接、通关物流、出口退税及风险防范、外贸融资等全方位、专业化的外贸配套服务，为广大中小微企业开拓国际市场提供有力的支持。

### （三）发展跨境电商的优势

#### 1. 市场空间优势

自 2008 年以来，北京已连续 8 年成为全国最大的城市消费市场，2015 年社零额首次突破万亿元大关，达到 10338 亿元，成为全国第一个突破万亿的消费城市，内在消费需求的巨大潜力为跨境电子商务发展提供了巨大空间。

北京消费追求品质，也是其跨境电商快速发展的重要基础。亚马逊跨境电子商务数据显示，北京位居中国大陆各城市亚马逊“海外淘”交易额排名首位，江苏、北京、广东用户最在意“海外淘”购买的是否正品，北京人在亚马逊海外各站点直邮购买最多的五大品类是：鞋靴、服装、个护健康、婴儿用品、厨房用品，显示出追求品质、追求健康生活的消费特征。

#### 2. 政策环境优势

2015 年，北京市成立了主管副市长任组长的“北京市推进跨境电子商务发展工作小组”，形成了推进全市跨境电商创新发展的机制和合力；出台了《关于支持北京地区跨境电子商务发展的通知》（京商务外运字〔2015〕26 号），跨境电子商务发展资金共支持 9 家企业 11 个项目，支持金额 926 万元。

2015 年 5 月，北京跨境电子商务公共信息平台上线运行，实现了跨境电商交易的电子信息化管理和政府部门之间的信息共享，是目前全国管理模式最先进、功能最完善、服务水平最高的开放型跨境电子商务公共信息平台。

#### 3. 产业链体系优势

北京是全国首批“国家电子商务示范城市”，培育了5个“国家电子商务示范基地”，国家级电子商务示范企业、电子认证服务机构、第三方支付机构和跨境电商第三方支付试点机构数量均居全国首位，形成了比较完备的跨境电商产业链体系，为跨境电商集群发展奠定了良好基础。进出口电商企业中，聚美优品、兰亭集势、敦煌网、唯品会等重要企业总部设在北京区域，为完善供应链和提升跨境消费服务。

#### 4. 物流资源优势

北京现有直航航线169条，亚洲第一，世界第二，每日90余家航空公司1700个航班往来世界244个城市，是全国最大的国际邮件处理中心及国际邮件航空交换站，与世界138个国家和地区240个城市建立邮件直封关系。国际主要知名商业快递公司在北京均设立运营中心，国内出口邮件的70%经北京空港出口。据中国邮政集团公司指挥调度系统显示，北京邮政出口国际小包在境内时限与信息质量等方面继续位居全国重点省市前列，全程妥投平均时限15.25天，高于外省1–5天。2019年新机场通航后，北京将成为世界最大的国际航空枢纽。

#### 5. 口岸体系完善

北京市已形成北有天竺、南有亦庄、东有马坊、西有五里店和北京西站，空、陆、海直通，综合保税区、保税物流中心、保税仓库等多元配套的立体化口岸体系。

### （四）存在的困难和问题

#### 1. 国际跨境电商更为严格

英国和欧洲等主流出口市场针对跨境电商VAT（增值税）提出了更严的标准，欧美等市场也不断给中国制造进行限制，中国卖家提高安全认证和品牌保护将是出口电商企业必须迎接的一个挑战。

### 2. 缺少国家层政策直接支持

目前全国共有13个跨境电子商务综合试验区城市（含8个跨境贸易电子商务服务试点城市），以上城市在实施行邮税政策和跨境电子交易、支付、物流、通关、退税、结汇等监管服务模式上可先试先行。北京未能纳入上述试验区或示范城市，无法享受进口行邮税优惠政策，也无法开展跨境电商保税备货，对跨境电商进一步发展形成了一定制约。

### 3. 电子商务进出口两极分化

中国跨境电商，在进口方向上发展迅猛，传统经济和进口电商结合较快，竞争的主要内容是市场份额和企业全渠道零售变革，但在出口方向上令人堪忧。中国品牌基本上没有走出国门，在海外的辨识度很低。

## （五）发展跨境电商的对策

立足首都城市战略定位，以服务业扩大开放综合试点为契机，大力推进北京跨境电子商务创新发展。

一是推进跨境电子商务产业生态化集群发展。依托国际一流的航运邮路资源和新机场临空经济区、综合保税区等政策优势，加快跨境电子商务示范基地、示范企业建设，加强产业治理，系统推进跨境电子商务产业园的生态演化，构建包含零售商、消费者、物流商、服务商、平台等完整产业链，并形成一个独立成长的生态经济。

二是创新跨境电子商务运行模式和管理制度。借鉴试点城市经验，推进跨境电子商务监管模式、经营模式和业态创新，鼓励引导开展保税备货、保税展示、O2O直购体验等新模式，大力支持跨境电商直购体验店、进口商品直销中心、海外仓、智能口岸仓、出口集货仓等建设，扩大跨境电子商务进出口。全面调动社会资源，促进跨境电商从个人创业、企业转型开始向产业升级和区域经济更高层次发展，推动行业内和跨行业的深度融合与创新。

三是加强跨境电子商务公共服务体系建设。通过完善北京跨境电子商务公共信息平台功能，整合相关监管部门和商品数据信息，为跨境电子商务进出口企业提供电子商务通关、物流、结税、退汇、金融等相结合的一体化服务，提高通关效率。

四是加强海外品牌建设，提高海外品牌辨识度，推进出口。在加强跨境电子商务平台建设的基础上，应进一步选择适宜的知名产品、老字号品牌等进行专项海外品牌营销，提升品牌知名度和影响力，为出口方向的跨境电商奠定基础。

# 第六章 服务贸易发展报告

在“十二五”期间，北京依托服务业发展良好基础和条件，通过财政资金、税收、通关等多种措施，推动服务贸易持续发展。改革服务外包管理模式、落实营改增相关减免税政策等不断优化发展环境，率先在全国（内地）实现服务主导型经济，高端化、集群化、融合化的发展特征日益显现。2015 年作为“十二五”的收官之年，在复杂的国际经济形势下，北京服务贸易规模仍保持了平稳增长，贸易结构也得到了进一步的提升，“北京服务”的影响日益扩大。

## 一、服务贸易发展概况

### （一）服务贸易规模持续扩大

#### 1. 进出口总体情况

2015 年，北京实现服务贸易总额达 1302.8 亿美元，比上年同期增长 17.8%，占本地对外贸易的比重达 29%，较上年同期提升 7.9 个百分点；占全国服务贸易额的比重达 18.3%，与上年持平。其中，服务出口额 490.7 亿美元，同比增长 12.8%，占全国服务出口总额的比重达 17.0%；服务进口额 812.1 亿美元，同比增长 21%，占全国服务进口总额的比重达 19.1%。服务贸易增速显著高于货物贸易，成为对外贸易新的增长点。

### 2. 附属机构服务贸易情况

2015 年，北京服务业实际吸收外资 123.2 亿美元，同比增长 55.4%，占全市实际吸收外资的 94.8%。北京市作为全国首个服务业扩大开放综合试点城市，科学技术、互联网和信息、文化教育、金融、商务和旅游、健康医疗六大服务业重点领域获得外资青睐。六大重点领域新批项目 1068 个，实际入资 95.5 亿美元，分别增长 10.2% 和 62.5%，分别占全市利用外资总额的 77.1% 和 73.5%；其中，金融领域实际使用外资 69.5 亿美元，增长 15.7 倍，占全市总量的 56.4%。科技领域入资也增长 14%，占到总额的 7.6%。此外，批发与零售业实际利用外资规模大幅度增长，2015 年达到 24.2 亿美元，比上年增长 342%；房地产业、租赁和商务服务业实际利用外资则比上年有较大幅度的下降。

2015 年，北京服务业新设外商投资企业 1350 个，同比增长 5.4%。信息传输、软件和信息技术服务业、租赁和商务服务业及住宿和餐饮业等限额以上外资企业数量都有一定程度的减少，但主营业务收入却有不同幅度的上升。营业收入主要集中在批发与零售业、信息传输、软件和信息技术服务业及租赁和商务服务业等领域（见表 6–1）。

**表 6–1　2015 年北京服务业主要行业外商投资企业（限额以上法人企业）营业收入**

| 项目 | 企业单位数（个） | | 主营业务收入（亿元） | |
|---|---|---|---|---|
| | 2015 年 | 2014 年 | 2015 年 | 2014 年 |
| 批发与零售业 | 490 | 596 | 10872.5 | 11024.7 |
| 住宿和餐饮业 | 190 | 212 | 314.3 | 298.4 |
| 信息传输、软件和信息技术服务业 | 522 | 532 | 2438.5 | 2136.6 |
| 房地产业 | 381 | 394 | 466.5 | 584.9 |
| 租赁和商务服务业 | 589 | 627 | 1693.2 | 1626.4 |

* 数据来源：北京市统计局

### 3. 自然人流动情况

2015 年北京派出各类劳务人员 15503 人，同比减少 8.97%；至 12 月末在外劳务人员数量达到了 34183 人，同比增长了 16.0%。其中，对外承包工程派出 6809 人，年末在外劳务人员达到 19287 人；对外劳务合作派出 8694 人，年末在外劳务人员达到 14896 人，实现劳务收入 1.6 亿美元。亚洲和非洲是北京外派劳务人员的主要地区，2015 年对两个地区派出的劳务人员数量分别占总数的 63.4% 和 29.3%。其次为欧洲和拉丁美洲，派往北美洲和大洋洲的劳务人员数量很少。北京对亚洲和非洲外派劳务的类型不同。由于北京在非洲对外承包工程项目众多，因此，对非洲主要是对外承包工程项下的外派劳务人员。2015 年对外承包工程对非洲派出人数为 4550 人，占总数的 66.8%。对亚洲则主要是对外劳务合作项下外派劳务人员，2015 年对亚洲派出 7857 人，占总数的 90.4%（见表 6–2）。

**表 6–2　2015 年北京外派劳务人员数量**

| 国家（地区）名称 | 对外承包工程 | | 对外劳务合作 | | 累计派出劳务人员数量 | 年末在外劳务人员数量 |
|---|---|---|---|---|---|---|
| | 派出人数 | 年末在外人数 | 派出人数 | 月末在外人数 | | |
| 合 计 | 6,809 | 19,287 | 8,694 | 14,896 | 15,503 | 34,183 |
| 亚洲 | 1,975 | 4,656 | 7,857 | 12,629 | 9,832 | 17,285 |
| 非洲 | 4,550 | 13,462 | 0 | 129 | 4,550 | 13,591 |
| 欧洲 | 5 | 678 | 708 | 891 | 713 | 1,569 |
| 拉丁美洲 | 274 | 488 | 0 | 899 | 274 | 1,387 |
| 北美洲 | 0 | 0 | 129 | 80 | 129 | 80 |
| 大洋洲 | 5 | 3 | 0 | 268 | 5 | 271 |

* 数据来源于：中国商务部

## （二）服务贸易逆差有所扩大

2015 年，北京服务贸易逆差达到 321.4 亿美元。运输和旅游服务继续保持较大规模贸易逆差，其中旅游服务逆差持续扩大，达到 302.9 亿美元，成为服务贸易逆差的最主要来源，运输服务逆差有较大幅度的缩减，同比减少 27.9%，为 86.9 亿美元。服务贸易顺差则主要来源于专业和管理咨询服务、建筑服务、其他服务、技术服务以及计算机和信息服务。特别是专业和管理咨询服务，顺差额达到 55.6 亿美元（见表 6–3）。

## （三）服务贸易进出口结构持续优化

**新兴服务领域进出口额保持持续增长。**计算机和信息服务、专业和管理咨询、保险、金融、通讯等新兴服务贸易进出口额达到 499.3 亿美元，同比增长 13.7%，占服务贸易总额的比重达到 38.3%，与上期基本持平。其中，计算机和信息服务进出口额为 97.7 亿美元，同比增长 9.3%，占服务出口总额的比重为 7.5%；专利使用费和特许费进出口额为 36.3 亿美元，同比增长 17.9%，占比保持 2.79%；其他服务 107.6 亿美元，同比增长 209%，占比上升至 8.26%。与此同时，咨询、保险、金融等行业进出口额出现一定程度的下降。其中，咨询服务进出口额 111.8 亿美元，同比下降 22.5%，占比也下降至 8.58%；保险服务进出口额 65 亿美元，同比下降 7.67%，占比降至 4.99%。具体数据见表 6–3。

**传统服务领域进出口额仍占较大比重。**运输、旅游与建筑三大传统服务贸易领域进出口额为 803.5 亿美元，占总额的 61.7%。其中旅游仍是北京进出口额第一的服务行业，进出口 471.9 亿美元，同比增长 44.27%，占服务贸易进出口总额的 36.22%。运输服务贸易额仍为第二位，但贸易额有较大幅度的减少，同比下降了 15.1%，占比相应降低至 14.58%。建筑作为传统服务领域过去曾被归为劳动密集型服务，然而，当今国际承包工程的施工技术难度、组织复杂程度和人员知识水平已达到相当高度，知识创新不断涌现，是以往劳动密集型服务难以比拟的，因此，目前通常把建筑服务与除运输与旅游之外的其他服务领域一同归为知识密集型服务。北京建筑服务业具有较好的竞争优势，建筑服务贸易持续增长，并一直是顺差状态。2015 年建筑服务进出口额达到 141.7 亿美元，同比增长 21.84%，占比为 10.88%。

**服务贸易出口结构不断优化。**北京高附加值与新兴服务出口稳定增长。2015 年，知识密集型服务领域出口 354.7 亿美元，占服务贸易出口比重达到 72.3%；新兴服务领域出口 265 亿美元，占服务贸易出口比重达到 54%。

**服务进口中传统行业增长迅速。**出境游的持续旺盛使旅游继续成为北京服务进口的第一大行业，2015 年，旅行服务进口同比增长 38%，达到 387.4 亿美元；此外，建筑服务进口同比大增 124.9%，达到 53.3 亿美元。

**表 6–3　2015 年北京服务贸易进出口情况**

| 项目 | 进出口总额（亿美元） | 出口额（亿美元） | 进口额（亿美元） | 贸易差额（亿美元） |
|---|---|---|---|---|
| 合计 | 1302.8 | 490.7 | 812.1 | –321.4 |

续表

| | | | | |
|---|---|---|---|---|
| 1. 运输服务 | 189.9 | 51.5 | 138.4 | -86.9 |
| 2. 旅行 | 471.9 | 84.5 | 387.4 | -302.9 |
| 3. 电信服务 | 22.4 | 12.3 | 10.1 | 2.2 |
| 4. 建筑服务 | 141.7 | 88.4 | 53.3 | 35.1 |
| 5. 保险服务 | 65.0 | 27.4 | 37.6 | -10.2 |
| 6. 金融服务 | 9.9 | 1.5 | 8.4 | -6.9 |
| 7. 计算机和信息服务 | 97.7 | 53.7 | 44.0 | 9.7 |
| 8. 专有权利使用费和特许费 | 36.3 | 2.3 | 34.0 | -31.7 |
| 9. 专业和管理咨询服务 | 111.8 | 83.7 | 28.1 | 55.6 |
| 10. 技术服务 | 38.1 | 22.0 | 16.1 | 5.9 |
| 11. 文化和娱乐服务 | 10.5 | 2.7 | 7.8 | -5.1 |
| 12. 其他服务 | 107.6 | 60.7 | 46.9 | 13.8 |

* 数据来源：中国商务部

## （四）其他服务贸易相关业务情况

### 1. 服务外包产业总体发展趋缓

由于国际经济形势不乐观、跨国公司传统外包业务减少、北京服务外包疏解、新业态对外包服务造成冲击、汇率波动较大、服务外包新业态未纳入统计系统等等多种因素影响，北京服务外包合同数与执行金额都有所下降。2015 年，北京离岸服务外包合同数 3450 项，执行金额为 45.0 亿美元，同比下降 15.5%，占全国执行金额的 4.7%。其中，信息技术外包（ITO）30.4 亿美元，业务流程外包（BPO）7.9 亿美元，知识流程外包（KPO）6.7 亿美元，分别占离岸服务外包执行总额的 67.5%、17.5%、15.0%（见表 6–4）。发包额位居前五位的国家为美国、爱尔兰、新加坡、日本与芬兰，外包执行额分别为 15.5 亿美元、4.2 亿美元、4.0 亿美元、3.2 亿美元、3.0 亿美元，各占全市离岸服务外包执行总额的 34.4%、9.4%、8.9%、7.1%、6.7%。

2015 年北京服务外包业务中，信息技术外包（ITO）中高附加值的软件技术研发及开发服务离岸执行额 22 亿美元，与上年基本持平，但占当年离岸服务外包执行总额比重达 48.9 %，增长了 5 个百分点，说明北京服务外包仍保持了较好地高端化趋势。

服务外包企业规模有所缩小。北京服务外包企业统计系统中登记离岸业务额的企业共有 376 家，2015 年度，离岸业务额超过千万美元的企业为 81 家，较 2014 年减少 16 家，其中从事信息技术外包服务（ITO)、知识流程外包服务（KPO）、业务流程外包服务（BPO）的企业分别为 55 家、14 家、12 家。离岸业务额超过亿美元的企业为 10 家，较 2014 年减少 2 家。技术先进型服务企业共计 75 家，企业人员总数为 25600 人，其中，大专以上学历人员 24832 人，占企业员工总数的 97%。

**表 6–4　2015 年北京服务外包（离岸）外包类别情况**

| 外包类别 | 2015 年执行金额（万美元） | 2014 年执行金额（万美元） | 同比增幅（%） |
|---|---|---|---|
| 服务外包（离岸）合计 | 449931.48 | 532693.40 | –15.5 |
| 其中：信息技术外包 | 303605.54 | 356654.09 | –14.9 |
| 业务流程外包 | 78882.46 | 87539.59 | –9.9 |
| 知识流程外包 | 67443.48 | 88499.72 | –23.8 |

* 数据来源：北京市商务委

### 2. 政策扶持促文化出口显著增长

2015 年，北京对外文化贸易总额取得小幅增长，但出口取得显著增长。根据北京海关、国家外汇管理局北京外汇管理部统计数据显示，2015 年，北京文化贸易总额达 30.28 亿美元，同比增长 3.6%。其中，出口 13.35 亿美元，同比增长达 22.2%；进口 16.93 亿美元，同比下降 7.5%。

文化贸易包括核心文化服务贸易与核心文化产品贸易两部分。2015 年，北京核心文化服务进出口总额 23.02 亿美元，同比增长 2.6%。其中，出口 11.36 亿美元，同比增长 22.9%；进口 11.66 亿美元，同比下降 11.6%。北京核心文化服务中，以视听和相关服务出口增长最为显著，同比增长达 96.9%。

全市核心文化产品进出口总额 7.26 亿美元，同比增长 6.7%。其中，出口 1.99 亿美元，同比增长 18.0%；进口 5.27 亿美元，同比增长 3.0%。北京核心文化产品中，以印刷品、视觉艺术品、乐器、声像制品进出口为主，所占比重较大，其中印刷品进出口总额为 4.46 亿美元，占比达 61.4%。

北京市加大对文化出口产业的政策扶持力度，积极培植具有国际影响力的代表性文化企业。2015 年，北京市共有包括中国图书进出口（集团）总公司、中国对外翻译出版有限公司等在内的 11 家企业获得中央文化产业发展专项资金中的服务出口奖励资金。通过积极组织全市文化贸易企业申报 2015—2016 年度国家文化出口重点企业和重点项目，有 70 家企业被认定为国家文化出口重点企业，38 个项目被认定为国家文化出口重点项目。

### 3. 技术贸易合同金额小幅下降

根据商务部技术进出口信息管理系统统计，2015 年北京技术贸易合同登记 1267 项，合同金额 106.2 亿美元，同比下降 9.6%。其中：技术进口合同金额 26.4 亿美元，同比下降 8.9%；技术出口合同金额 79.7 亿美元，同比下降 9.9%。

技术进口以专有技术的许可或转让和技术咨询、技术服务及计算机软件的进口为主，合同金额分别为 12 亿美元、6.6 亿美元和 5 亿美元，占进口合同总额的比重分别为 45.5%、25% 和 18.9%（见表 6–5）；技术进口的企业仍以外商投资企业为主，合同金额为 19.9 亿美元，占总进口额的比重达到了 75.4%；进口行业主要为制造业及信息传输、计算机服务和软件业，合同金额分别为 15.7 亿美元和 7.1 亿美元，占总进口额的比重分别为 59.5% 和 26.9%；主要进口国家和地区为美国、韩国、德国，合同金额分别为 9.3 亿美元、5.9 亿美元和 3.8 亿美元，占比分别为 35.2%、22.3% 和 14.4%。

技术出口以技术咨询、技术服务出口为主，合同金额 67.4 亿美元，占总出口额的 84.5%（见表 6–6）；技术出口主体主要为外商投资企业，合同金额 64.8 亿美元，占总出口额的 81.3%；出口行业主要为信息传输、计算机服务和软件业及制造业，合同及额分别为 45.5 亿美元和 17.7 亿美元，占比分别为 57.1% 和 22.2%；主要出口国家和地区为美国、中国香港、芬兰和瑞典。合同金额分别为 41.7 亿美元、9.6 亿美元、5.7 亿美元和 4.3 亿美元，占比分别为 52.3%、12%、7.2% 和 5.4%。

表 6-5　2015 年北京技术引进合同类型

| 引进方式（合同类别） | 合同数（个） | 合同金额（万美元） | 技术费（万美元） |
|---|---|---|---|
| 总计 | 629 | 264327.5 | 250283.5 |
| A: 专利技术的许可或转让 ( 包括专利申请权的转让 ) | 25 | 22848.8 | 22848.8 |
| B: 专有技术的许可或转让 | 121 | 120037.1 | 119911.1 |
| C: 技术咨询、技术服务 | 445 | 66311.3 | 56211.9 |
| D: 计算机软件的进口 | 24 | 50009.2 | 50009.2 |
| E: A、B 内容之一相关联的商标许可 | – | 213.9 | 213.9 |
| F: 涉及 A、B、C 内容之一的合资生产、合作生产等 | 4 | 190.3 | 190.3 |
| G: 为实施 A 至 G 项内容而进口的成套设备、关键设备、生产线等 | 10 | 4242.3 | 423.7 |
| H: 其它方式的技术进口 | – | 474.6 | 474.6 |

* 数据来源：北京市商务委

表 6-6　2015 年北京技术出口合同类型

| 出口方式（合同类别） | 合同数（个） | 合同金额（万美元） | 技术费（万美元） |
|---|---|---|---|
| 总计 | 638 | 797288.0 | 685956.0 |
| A: 专利技术的许可或转让 ( 包括专利申请权的转让 ) | 29 | 79.3 | 79.3 |
| B: 专有技术的许可或转让 | 23 | 17554.1 | 17554.1 |
| C: 技术咨询、技术服务 | 509 | 673780.0 | 564843.4 |
| D: 计算机软件的出口 | 77 | 105874.6 | 103479.3 |

* 数据来源：北京市商务委

## 二、服务贸易发展特征

### （一）服务贸易规模持续扩大，增速显著高于货物贸易

“十二五”期间，北京服务贸易已明显高于货物贸易及服务业增加值的速度增长。2011

年，服务贸易进出口额为895.4亿美元，至2015年上升至1302.8亿美元，增长了45.5%，复合增长率为7.9%；其中出口从415亿美元上升至490.7亿美元，增长了18.2%，进口从480.4亿美元上升至812.1亿美元，增长了69.0%；而货物贸易受全球经济环境等多种因素影响，出现了下降的趋势，进出口总额从2011年的3895.8亿美元下降至2015年的3195.9亿美元，降低了18%。出口更是下降了19.9%（见图6-1）。随着服务主导型经济的形成，服务贸易已经成为了北京对外贸易增长的新动力。

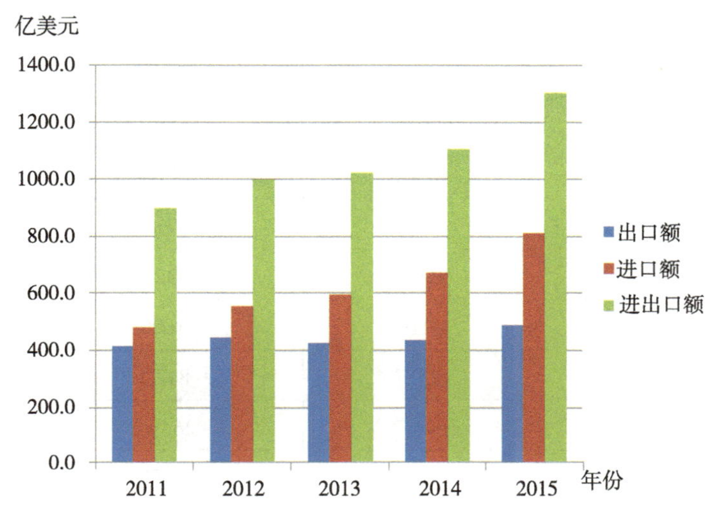


**图6-1　2011-2015年北京服务贸易出口额、进口额与进出口总额**

*数据来源：历年《北京市统计年鉴》。

## （二）服务贸易在北京对外贸易中持续保持较高比重

服务贸易在全市对外贸易中的比重一直保持高水平，出口稳步上升。2011年，北京服务贸易进出口总额占地区对外贸易总额的18.7%，其中，服务出口额占总出口额的比重为41.3%，进口额的比重为12.7%，到2015年服务进出口总额占对外贸易的比重上升至29.0%，增长了10个百分点，比全国服务贸易占对外贸易的比重高出了13.7个百分点；其中服务贸易出口额占总出口额的比重从41.3%上升至47.3%，比全国水平高36.1个百分点，进口则从12.7%上升至23.5%(见表6-7)。服务贸易作为北京经济发展的特色与优势之一，在“十二五”期间对本市对外贸易发展与经济增长的贡献十分显著。

**表 6-7　北京服务贸易占全市对外贸易的比重**

| 年份 | 项目 | 出口（亿美元） | 进口（亿美元） | 进出口（亿美元） |
|---|---|---|---|---|
| 2011 | 服务贸易 | 415.0 | 480.4 | 895.4 |
| | 货物贸易 | 589.98 | 3305.85 | 3895.83 |
| | 服务贸易比重 | 41.3% | 12.7% | 18.7% |
| 2012 | 服务贸易 | 445.1 | 555.1 | 1000.2 |
| | 货物贸易 | 596.32 | 3484.75 | 4081.07 |
| | 服务贸易比重 | 42.7% | 13.7% | 19.7% |
| 2013 | 服务贸易 | 426.9 | 596.4 | 1023.3 |
| | 货物贸易 | 630.98 | 3668.44 | 4299.42 |
| | 服务贸易比重 | 40.4% | 14.0% | 19.2% |
| 2014 | 服务贸易 | 435 | 671.1 | 1106.1 |
| | 货物贸易 | 623.36 | 3532.02 | 4155.38 |
| | 服务贸易比重 | 41.1% | 16.0% | 21.0% |
| 2015 | 服务贸易 | 490.7 | 812.1 | 1302.8 |
| | 货物贸易 | 546.7 | 2649.2 | 3195.9 |
| | 服务贸易比重 | 47.3% | 23.5% | 29.0% |

★数据来源：根据《北京市统计年鉴》、商务部数据计算。

## （三）北京服务贸易发展居全国前列

从全国范围来看，北京服务贸易总额占全国服务贸易总额的比重也一直保持在较高的水平，2011 年为 21.4%，之后虽稍有下降，但至 2015 年，仍达到 18.3%（见表 6-8）。北京已成为我国服务贸易，特别是新兴服务贸易的重要基地。北京服务贸易对于推动我国经济结构调整，转变外贸发展方式发挥着重要的作用。

**表 6-8　北京服务贸易占全国服务贸易的比重**

| 年份 | 项目 | 出口（亿美元） | 进口（亿美元） | 进出口（亿美元） |
|---|---|---|---|---|
| 2011 | 北京 | 415.0 | 480.4 | 895.4 |
| | 全国 | 1821 | 2370 | 4191 |
| | 北京比重 | 22.8% | 20.3% | 21.4% |

续表

| | | | | |
|---|---|---|---|---|
| 2012 | 北京 | 445.1 | 555.1 | 1000.2 |
| | 全国 | 1904 | 2801 | 4706 |
| | 北京比重 | 23.4% | 19.8% | 21.3% |
| 2013 | 北京 | 426.9 | 596.4 | 1023.3 |
| | 全国 | 2106 | 3291 | 5396 |
| | 北京比重 | 20.3% | 18.1% | 19.0% |
| 2014 | 北京 | 435 | 671.1 | 1106.1 |
| | 全国 | 2222 | 3821 | 6043 |
| | 北京比重 | 19.6% | 17.6% | 18.3% |
| 2015 | 北京 | 490.7 | 812.1 | 1302.8 |
| | 全国 | 2881.9 | 4248.1 | 7130 |
| | 北京比重 | 17.0% | 19.1% | 18.3% |

*数据来源：根据《北京市统计年鉴》、《中国服务贸易统计2015》等数据计算。

## （四）服务贸易部门逐步向高级化发展

北京服务贸易结构呈现由传统服务贸易向现代服务贸易转移的趋势。“十二五”时期，北京通信服务、保险服务、金融服务、计算机和信息服务、专有权利使用和特许、咨询、广告和宣传、电影和音像等高附加值新兴服务领域出口保持了增长的态势，2011年新兴服务领域出口额为234.6亿美元，2013年持续增长至284.1亿美元，2014年有所下降，但2015年又回升至266.3亿美元。新兴服务领域出口占北京服务出口的比重一直在60%上下浮动，2013年达到66.5%，2015年则保持在54.3%。如果从包含技术含量日益增加的建筑服务在内的知识密集型服务贸易的角度来看，知识型服务领域出口占北京服务出口的比重则一直在75%上下浮动（见表6-9、表6-10）。北京服务贸易在我国的若干高附加值新兴领域占据高份额，新兴领域服务出口总额占全国新兴领域服务出口的比重一直保持在20%以上，2012年更是达到30.43%。

北京在知识密集型和新兴服务领域均保持了贸易顺差，在计算机和信息服务、咨询、广告宣传和建筑等服务领域具有一定的贸易竞争优势，金融保险、通讯、建筑和电影音像服务等项目都是在全国领先的优势项目，计算机和信息服务、咨询等知识型服务贸易的发展也居于全国前列，具备相当规模，这为北京服务贸易的发展提供了潜力和动力，使得北京服务贸易结构不断优化，逐步从传统服务贸易向高附加值、高技术的现代服务贸易领域转移。

**表 6-9　2011-2015 年北京分行业服务贸易规模**

| 项目＼年份 | 2011 | 2012 年 | 2013 | 2014 | 2015 |
| --- | --- | --- | --- | --- | --- |
| 总额（亿美元） | 895.40 | 1000.20 | 1023.3 | 1106.14 | 1302.8 |
| 运输 | 196.30 | 223.21 | 215.4 | 223.59 | 189.9 |
| 旅游 | 136.10 | 155.48 | 195.9 | 327.08 | 471.9 |
| 通讯服务 | 21.50 | 26.15 | 24.2 | 31.05 | 22.4 |
| 建筑服务 | 92.40 | 85.23 | 59.8 | 116.33 | 141.7 |
| 保险服务 | 133.10 | 132.14 | 152.9 | 70.36 | 65 |
| 金融服务 | 11.70 | 22.16 | 1.6 | 12.15 | 9.9 |
| 计算机和信息服务 | 52.00 | 60.19 | 74.2 | 89.44 | 97.7 |
| 专利使用和特许费 | 22.60 | 28.40 | 35.7 | 30.83 | 36.3 |
| 咨询 | 99.10 | 116.36 | 142.3 | 144.29 | 111.8 |
| 广告、宣传 | 17.80 | 19.61 | 20.3 | 15.44 | – |
| 电影、音像 | 3.40 | 4.91 | 5.9 | 10.80 | – |
| 其他商业服务 | 109.50 | 126.36 | 95.1 | 34.77 | 107.6 |

★数据来源：《北京市统计年鉴》与商务部数据

**表 6-10　北京新兴服务领域与知识型服务领域出口所占比重**

| 项目 | 2011 年 | 2012 年 | 2013 年 | 2014 年 | 2015 年 |
| --- | --- | --- | --- | --- | --- |
| 新兴服务领域出口占北京服务出口的比重（%） | 56.5 | 61.0 | 66.5 | 56.2 | 54.3 |
| 知识型服务领域出口占北京服务出口的比重（%） | 74.0 | 75.6 | 76.9 | 77.5 | 72.3 |

★数据来源：根据《北京市统计年鉴》与商务部数据计算而得。

## （五）离岸服务外包发展趋于平稳，逐步向产业价值链高端升级

“十一五”的 5 年间，北京离岸服务外包出口规模增长了 4.27 倍，年复合增长率为 43.8%，“十二五”期间，增长速度逐渐趋缓，2015 年服务外包执行金额是 2011 年的 1.84

倍，年复合增长率为 12.93%。增幅从 2011 年 59.3% 降至 2014 年的 10.4%，2015 年更是由于国内外经济环境变化，执行金额下降了 15.5%（见表 6–11）。总体上北京服务外包经历了增速逐步放缓的过程。

从外包类型来看，北京服务外包逐渐向高级化发展。虽然仍以信息技术外包（ITO）为主，但承接物流、采购、人力资源、财务会计、客户服务等外包业务的商业流程外包（BPO）以及更高端的产品技术研发、工业设计、分析学和数据挖掘、动漫及网游设计研发、工程设计等领域的技术性知识流程外包（KPO）也得到了不断发展。

从发展布局来看，一方面北京服务外包已经形成特色鲜明的产业集聚。如西城区金融街、朝阳区中央商务区等重点发展商务服务与金融服务；望京科技园区则主要集中了跨国公司研发外包企业；海淀中关村软件园更是汇集了包括软通动力、东软集团、博彦科技等知名外包企业总部在内的 200 余家科技企业，成为离岸服务外包的重要集聚区；另一方面，北京服务外包企业加快全国布局进程，通过优化配置各地区的资源，逐步将中低端业务移出北京，而将高端研发、重点客户相关的服务及企业总部中决策部门留在北京。截止 2015 年底，全市 15 家本土服务外包重点企业共在全国设立了 125 个分支机构。

北京已汇集了大量外包企业总部，大型跨国公司也纷纷在北京设立服务外包分支结构，此外，北京还聚集了大量外资银行、证券公司及其他金融机构以及跨国公司咨询机构；同时，服务外包企业总部也逐渐“走出去”，在海外设立分支机构，实现全球接包。北京服务外包国际化趋势日益凸显，并逐渐向价值链高端转移。

**表 6–11　北京历年服务外包（离岸）情况**

| 年份 | 合同数（份） | 执行金额（万美元） | 同比增幅（%） |
|---|---|---|---|
| 2011 | 5884 | 244880.90 | 59.3 |
| 2012 | 5887 | 355953.30 | 45.4 |
| 2013 | 4586 | 482575.57 | 35.6 |
| 2014 | 3950 | 532693.40 | 10.4 |
| 2015 | 3450 | 449931.48 | –15.5 |

* 数据来源：北京市商务委

## 三、服务贸易发展新形势

### 1. 以知识经济为特征的服务业与服务贸易成为全球经济增长新引擎

在全球经济增长和货物贸易持续低迷的情况下，服务贸易逆势而上，以高于全球 GDP 和货物贸易的速度增长，贸易规模持续扩大，成为拉动全球经济增长和扩大就业的重要力量。同时，全球服务贸易格局出现新变化、呈现新特点。从产业分布看，通信、金融、计算机与信息服务等新兴服务业增速较快，将成为未来服务贸易新的增长点。从区域分布看，欧洲、亚洲成为全球服务进出口排名第一和第二的地区，贸易额占全球大约 70%。中国也成为服务贸易的新生力量，2015 年服务贸易总额继续保持世界第二位，其中服务出口居第五位，进口居第二位。在这样的大背景下，北京服务业与服务贸易也得到了持续发展。2015 年，服务业增加值占地区生产总值的比例已达到 79.23%。但是，北京仍需加快服务业市场化进程，扩大对外开放程度，以促进产业结构升级和优化，为服务贸易的发展提供更加坚实的产业基础。

### 2. 多边服务贸易谈判进一步推进，贸易规则面临调整

由于国内规制和政府监管一直是影响服务贸易自由化的重要因素，为消除贸易壁垒、推动全球服务贸易自由化，WTO 一直致力于以全球性的规制协调和规制合作推动各国改革国内体制，建立合理有效的监管体制和政策，促使国内监管与国际规制协调。在多哈回合服务贸易谈判受阻的情况下，占全球服务贸易 70% 的 23 个 WTO 成员参与的国际服务贸易协定（TISA）谈判把谈判议题由传统服务业扩大到电子商务、信息服务、环境服务和能源服务等新兴服务业，成为推动服务贸易自由化的一个新因素。然而，全球服务贸易仍面临市场准入限制、人员移动限制、国家垄断与政府购买、监管透明度和管理要求等诸多贸易壁垒，推进服务贸易自由化仍任重而道远。

### 3. 区域服务贸易一体化成为服务贸易自由化的主要模式

由于多边服务贸易谈判受阻，越来越多的国家倾向于开展区域贸易一体化，区域服务

贸易自由化快速发展，作用日趋明显。自2001年以来，我国也逐渐加大了缔结区域自由贸易协定的力度。目前，我国已经签订的自贸区协议有13个，其中都涉及区域服务贸易安排。如在2015年实施的中韩自贸协定中，韩国满足了中国在电信、建筑、速递、教育、医疗、保险等服务领域的核心关注，中国则满足了韩国在出境旅游、环境保护、视听娱乐等服务领域的核心要价。而在中澳自贸协定中，澳大利亚在电信、金融、运输等领域对中国扩大了市场准入并给予国民待遇，建筑、环境和旅游等服务部门向中国服务提供者完全开放。中国则在银行、电信、运输、法律和建筑等服务领域向澳大利亚进一步开放。此外，中国还有8个正在谈判的自贸区。区域贸易协定将对服务贸易的发展带来不可忽视的影响：一方面，能够减少服务贸易领域的政策限制与贸易壁垒；另一方面，由于我国服务业基础仍较薄弱，结构发展不均衡，服务市场的进一步开放必将带来更大的挑战。

#### 4. 政府出台服务贸易相关规划与措施使服务贸易发展环境日益优化

我国政府相继出台一系列与服务业和服务贸易相关的规划与举措，促进服务贸易发展的系统、全面、开放和科学的规划体系初步形成。2015年5月5日，国务院批复同意北京市开展服务业扩大开放综合试点，北京市成为全国首个、也是唯一一个服务业扩大开放综合试点城市。北京将聚焦科学技术、互联网和信息、文化教育、金融、商务和旅游、健康医疗六大重点服务领域，逐步扩大向各类资本开放，降低或取消外资股权比例限制、部分或全部放宽经营资质和经营范围限制，实现投资主体多元化；同时，深化对外投资管理体制改革，主要是通过实行“备案制”等管理创新，加快企业“走出去”步伐；通过优化社会信用环境、改革市场监管模式、创新高端人才聚集机制、加大金融保障力度、提高通关便利化水平，创新体制机制，转变政府监管和服务方式，构建科学规范、高效透明的服务业促进体系。此外，从2015年12月1日起，在部分地区试行市场准入负面清单制度，并自2018年起在全国统一实行。这将推动服务业全面对外开放，进一步降低金融、教育、文化娱乐、医疗、专业服务、电子商务等服务业领域的外资准入限制。2015年2月，国务院出台《关于加快发展服务贸易的若干意见》，进一步深化服务业改革，重点培育运输、通信、金融、保险、计算机和信息服务、咨询、研发设计、节能环保、环境服务等资本技术密集型服务领域；积极推动文化艺术、广播影视、新闻出版、教育等中华核心文化服务出口；大力促进文化创意、数字出版、动漫游戏等新型文化服务出口。综合试点的落实以及国家出台的相关规划，将推动北京服务业向高端化、集聚化、国际化方向迈进，服务京津冀协同发展，使服务领域开放范围与程度进一步得到扩大与提升。

### 5. 以“互联网 +”为特征的新技术、新业态、新模式促进新型服务贸易发展

2015 年以来，为促进跨境电子商务的健康发展，国务院先后颁布《关于促进跨境电子商务健康快速发展的指导意见》（2015 年 6 月）、《关于积极推进“互联网 +”行动的指导意见》（2015 年 7 月），提出要鼓励各类跨境电子商务服务商发展，完善跨境物流体系，推进跨境电子商务通关、检验检疫、结汇等关键环节单一窗口综合服务体系建设。“互联网 + 外贸”的发展路径，将带动跨境运输、金融保险、采购服务、电子商务平台建设、数据处理、供应链管理等服务贸易的发展，促进跨境支付、跨境物流、跨境信用、跨境信息安全等系统开发服务业务。此外，大数据、云计算、移动商务、物联网、产品智能化等新技术的发展也会为北京技术贸易及服务外包带来新契机，拓展了服务外包的业务领域和层次，但同时也迫使传统服务外包企业加快转型升级。包括利用资本进行海外并购，将低端业务置换为高端业务；创新研发提供开拓平台式的服务；引进国外行业经验与技术以及创新基于“互联网 +”和大数据的运营模式等。

## 四、第四届中国（北京）国际服务贸易交易会筹备情况

根据中央外办有关要求，中国（北京）国际服务贸易交易会（以下简称“京交会”）调整为二年一届，第四届京交会于 2016 年 5 月 28 日至 6 月 1 日在国家会议中心举办。本届京交会重点围绕“一带一路”、“互联网 +”、大众创业、万众创新、京津冀协同发展等国家战略，突出开放、创新、融合的新理念，以设立主题展区、举办主题论坛、开展主题活动等多种方式，重点聚焦科学技术、互联网和信息、文化教育、金融、商务和旅游、健康医疗六大重点服务领域。

2015 年，京交会组委会重点围绕京交会品牌维护、提高筹办水平、夯实发展基础三方面开展了方案策划、宣传推介、招商招展、展览会务等筹备工作。

**精心策划总体方案。**积极开展服务业、服务贸易发展趋势和会展业发展态势研究，特别是对国内外同类服务贸易展会进行专项研究，开展服务贸易重点领域及拓展策略研究工作，同时，广泛征询参会各方和第三方评估机构意见，为做好京交会筹备工作提供理论支撑和经验总结。

**积极开展国际招商。**赴德国、瑞士、法国、俄罗斯、印度、港澳开展京交会推介活动，拜会德国、瑞典等32家驻华使馆及美中商协会、英中贸易协会等12家商协会，取得了良好效果。

**务实开展境内招商。**赴中国—东盟博览会、东北亚博览会、中阿博览会、中国（上海）国际技术进出口交易会、中国（重庆）国际投资暨全球采购会、中国国际软件和信息服务交易会、澳门第二十届国际贸易投资展览会开展推介招商。

**创新推进宣传推广。**制作完成京交会多语种宣传推介片；设计印制多版本宣传资料、展板及电子海报，满足不同推介需求；着眼新媒体传播优势，通过微博、微信、Facebook、Twitter全年同步推送近200条原创京交会信息，公众关注度持续增长；完成京交会组委会专访等多项集中宣传工作；以客商需求为导向，开展了京交会官方网站改版和内容更新工作，开发京交会手机APP平台。

**精细推进展览会务工作。**规划完成展场布局方案，基本确定会议场地分配方案；初步完成京交会票证管理方案；完成京交会注册系统改造工作等。

# 第七章　国际双向投资发展报告

2015年以来，北京利用外资规模显著增加，高端服务业成为外商投资重点领域，千万美元以上的大项目不断出现，取得较好成绩，投资环境也得到不断改善。对外经济合作方面，对外直接投资规模创历史新高，对外工程承包业务发展迅速，“走出去”成效显著。目前，国际双向投资已成为带动北京经济发展的重要力量。

## 一、利用外资概况

### （一）利用外资规模不断扩大

2015年，北京实际利用外资达到130亿美元，同比增长43.8%，连续14年实现增长，占全国份额由“十一五”末的6%升至10%。2015年年末，北京累计实际利用外资达1004.7亿美元，占全国累计实际利用外资的6.1%。2015年全市新设外商投资企业1386家，同比增长5.2%。

### （二）重点领域吸引外资大幅增长

2015年，北京服务业新设外商投资企业1350个，同比增长5.4%；实际吸引外资123.2亿美元，同比增长55.4%，占全市实际利用外资总额的94.8%。租赁和商务服务业、金融业、批发零售业、信息传输、计算机服务和软件业成为服务业主要投资领域。

2015年，北京对外开放试点的科学技术、互联网和信息、文化教育、金融、商务和旅游、健康医疗六大重点领域新批项目 1068 个，实际吸引外资 95.5 亿美元，分别增长 10.2% 和 62.5%，占比分别达到 77.1% 和 73.5%。其中金融、科技领域引资增长 15.7 倍和 14%，占全市引资比重分别为 56.4% 和 7.6%。生活服务业全年引进健康医疗项目 36 个，文体娱乐项目 51 个，餐饮和居民服务项目 55 个。

### （三）高端功能性机构不断集聚

2015 年，北京新增外资总部企业 9 家，新增外资研发机构 29 家，共计 38 家。到 2015 年年底，北京吸引的跨国总部企业累计达 268 家（其中 155 家为北京市认定的境外跨国公司地区总部）；吸引的外资研发机构累计达 532 家。企业总部、研发中心等高端功能性机构继续在京聚集。

2015 年北京吸引的外资项目中，新增世界 500 强企业投资项目 20 个，到 2015 年年底，累计有 287 家世界 500 强企业在京投资共计 718 个项目。

### （四）大规模投资项目不断出现

2015 年北京吸引的外资项目中，大规模投资项目不断出现。75 个千万美元以上大项目累计引资 121 亿美元，同比增长 62.4%，占全市实际外商投资 93.1%。其中上亿美元大项目引资 105.5 亿美元，同比增长 1.7 倍，占全市实际外商投资 81.2%；68 个服务业千万美元以上大项目总计引资 115.3 亿美元，同比增长 77.9%，占全市实际外商投资 88.7%。

2015 年，北京以中央企业并购方式引入外资 90.7 亿美元，占全市实际外商投资 69.8%。以跨境人民币方式投资企业达 38 家，投资额 46.6 亿元人民币，占全市实际外商投资 5.8%。

### （五）投资来源较为集中

2015 年北京市外商投资企业联合年报数据显示，北京市吸引的外资来自 140 多个国家和地区，香港、日本、英属维尔京群岛、德国、开曼群岛、韩国、美国、新加坡、荷兰、法国 10 个国家和地区的企业数和实际外资分别占全市参报外资企业的 79.5% 和实际利用外资额的 89.5%。

来自中国香港的实际投资额为 99.3 亿美元，占全市 76.4%，主要投向金融、科技、商务和信息服务等领域；来自英属维尔京群岛的实际投资额为 19 亿美元，占全市 14.6%。此外，来自“一带一路”沿线国家和地区的实际投资额为 1.7 亿美元，占全市 1.3%。

## （六）外资区县分布较为集中

2015 年，北京城六区引资达 116.5 亿美元，同比增长 66.6%，占全市实际外资 89.6%。其中朝阳区引资 93.4 亿美元，同比增长 1.4 倍，占全市 71.9%，主要投向金融服务和商务服务领域；海淀区引资 13 亿美元，占全市 10%，主要投向科学技术服务、互联网和信息服务领域。

## （七）创造良好引资环境

北京市不断改革外资引进和管理方式，提高外资管理效率，为外资发展创造良好投资环境。

### 1. 多种方式加大引资工作力度

北京市政府充分利用各种商务会展、洽谈交流机会，积极开展服务业扩大开放试点宣传推介。2015 年，北京市成功举办第十九届北京香港经济合作研讨洽谈会、投资北京洽谈会、北京服务业扩大开放新商机暨第四届京交会香港推介会等国际合作会议，成功举办台湾名品博览会等系列宣传和投资洽谈会，广泛宣传北京市服务业扩大开放试点政策和引资政策。

北京市结合重点区域和重点项目，组织区县、功能区、企业协会赴欧洲开展招商活动；落实中国市与美国芝加哥市贸易投资合作联合工作组机制，作为成员签署《关于建立中国市与美国芝加哥市商务便利化机制的谅解备忘录》，参与举办“中国市与美国芝加哥市投资合作研讨会”等国际洽谈活动。

北京市政府充分利用北京市服务业扩大开放试点政策优势，利用我国签署的各种贸易协定和发展战略，深化北京与世界各地的经贸交流；充分利用我国的“一带一路”战略为北京吸引外资带来了新机遇，扩大与“一带一路”沿线国家之间的交流和合作。

### 2. 强化外资企业监管和服务

2015 年，北京市政府加强与外汇、税务、工商、公安等部门配合，监督外资企业合法运营和税收缴纳，开展外资项目核查，完成全市外资企业联合年报工作，共有 13512 家外商投资企业参加网上联合年检。

北京市相关部门充分利用“全国融资租赁企业管理信息系统”等监管措施，发挥行业协会积极作用，探索外资融资租赁企业事中事后监管模式，完成 2015 年全市外商投资融资租赁企业出资情况核查工作。对近几年来批准的增资亿美元以上项目和融资租赁项目未实际到资的企业逐一核查，确保北京市实际利用外资可持续发展。

在加强对外资企业监管的同时，加强对跨国公司的调研走访，强化政府服务职能，解决外资企业经营中遇到的困难。

### 3. 规范简化外资管理程序

北京市政府采取系列措施规范、简化外资管理。服务业开放方面，与相关部门梳理并公布了《服务业扩大开放企业办事一览表》向社会公布，提高政策透明度，并采取措施不断简化外资管理程序，简化审批程序，下放审批权限；多部门联合办公，部分证书发放可以做到“立等可取”，尽可能减少企业负担，提高政府办事速度及效率。积极推广上海自由贸易试验区经验，组织各部门及时交流总结，2015 年 11 月形成《北京市推广中国（上海）自由贸易试验区可复制改革试点经验工作进展情况》等文件并报送商务部。

## 二、对外经济合作概况

“十二五”以来，北京市加快推动实施“走出去”战略，以培育、参与和引领国际经济合作竞争新优势为目标，大力推动北京市对外经济合作迅速发展并取得显著成效。

## （一）境外直接投资飞速发展

北京市企业的境外直接投资是北京对外经济合作最重要组成部分，并取得较好成果。

### 1. 境外直接投资创历史新高

“十二五“期间，除 2012 年对外直接投资额出现一定幅度下降外，北京市境外直接投资保持着快速增长，创立海外企业 1282 家。

2015 年，北京市企业在 57 个国家和地区的 581 家境外企业累计直接投资额达 95.55 亿美元，同比增长 74.95%，境外投资国家和地区、新设企业数量均创历史新高。跨国并购成为对外直接投资的重要方式，2015 年北京市企业参与国际并购 204 项，是 2014 年 3.5 倍，中方协议投资额 112.48 亿美元，为 2014 年 6 倍。

### 2. 投资行业集中在服务业

2015 年，租赁和商务服务业、制造业、信息传输、软件和信息技术服务业，在北京市境外直接投资行业中排名前三位，分别占全市境外投资总额的 34.23%、13.73% 和 12.15%。

信息传输、软件和信息技术服务业、文化、体育和娱乐业境外投资增速分别较 2014 年同期增长了 638.3% 和 1051.85%，占全市境外投资总额比重分别较上一年提高了 9.3 和 6.9 个百分点。

### 3. 投资区域集中在亚洲和美洲

北京境外投资主要集中于亚洲和美洲地区。2015 年北京企业在亚洲、拉丁美洲和北美洲累计境外直接投资额分别为 56.67 亿美元、18.98 亿美元和 10.7 亿美元，分别占全市境外直接投资总额的 59.31%、19.87% 和 11.2%。欧洲、大洋洲和北美洲地区投资增长最快，累计境外直接投资额较去年分别增长 310.11%、295.57% 和 173.01%。

### 4. 在“一带一路”沿线国家的投资迅速增长

2015 年，北京市企业在“一带一路”沿线 17 个国家累计直接投资额 4.96 亿美元，同比增长 1.5 倍，远高于全国在“一带一路”沿线国家 18.2% 的平均投资增速。主要投资国为新加坡、沙特阿拉伯和印度尼西亚，直接投资额分别为 4.43 亿美元、2000 万美元和 1548 万美元。

截至 2015 年年底，北京市在“一带一路”沿线 27 个国家累计直接投资 12.66 亿美元，占全市境外直接投资存量的 3.4%。排名前五位国家为新加坡（6.97 亿美元）、沙特阿拉伯（1.23亿美元）、柬埔寨（1.10亿美元）、蒙古（8997万美元）和白俄罗斯（5914万美元），这五个国家的总投资在全部存量中占比 85.2%，投资国较为集中，仍需大力开发其他国家市场。

### 5. 境外直接投资大项目不断涌现

北京市企业在境外投资项目规模不断扩大。2015 年，日产（中国）投资有限公司在巴西并购成立日产巴西自动车有限公司，协议投资额 12.1 亿美元，2015 年出资 9.5 亿美元，主营汽车和汽车零部件的制造、销售和经销以及相关进出口活动等。博纳影业集团有限公司在美国新设成立博纳环太平洋电影投资（美国）有限公司，协议投资额 2.9 亿美元，2015 年出资 1.61 亿美元，主营电影投资、合拍电影，发行、制作电影等业务。完美世界（北京）网络技术有限公司在香港设立完美晨光在线有限公司，出资 2.6 亿美元，主要从事研究、开发游戏软件，提供技术转让、技术咨询、技术服务，技术进出口、代理进出口等业务。北京中信投资中心对柏盛国际集团有限公司增资 1 亿美元，从事研发、生产和销售高科技介入医疗产品。

### 6. 知名品牌企业国际化发展步伐加快

北京市一些知名品牌企业努力开拓国际市场。王府井百货、北京华联等一批品牌零售企业的零售网络开始向国外延伸；首创集团、汉能控股、泛海国际等一批投资企业在欧美发达国家投资领域不断扩大；北汽国际在西班牙、伊拉克、墨西哥、南非、津巴布韦等地布局国际业务，推广北汽集团汽车品牌；北汽福田在日本、德国、印度、俄罗斯等国家拥有研发分支机构，在全球 20 多个国家设立 KD 工厂，产品出口到 80 多个国家和地区，产销量位居世界商用车行业第一位。

科技和文化类企业跨国并购不断涌现。2015年清华紫光成功收购系列美国公司，成为全球第三大手机芯片企业和全球最大的半导体设计企业之一；万达文化产业集团分别斥资8.3亿和8.9亿美元，并购瑞士盈方体育传媒和美国世界铁人公司，成功进军海外文化体育产业市场；北京四达时代在非洲24个国家注册并在12个国家建立地面数字电视服务体系，成为我国在非洲地区发展最快、影响最大的地面数字运营商，这些系列境外投资显著提高了北京企业的国际声誉。

## （二）对外承包工程业务迅速发展

2015年北京市新批对外承包工程企业14家，全市累计具有对外承包工程资格企业超过200家，其中，中地海外集团有限公司、北京建工集团有限责任公司、北京城建集团有限责任公司、北京住总集团有限责任公司四家公司入选2015年度ENR(《工程新闻记录》)全球最大250家国际承包商。

2015年，北京市企业对外承包工程新签合同额46.48亿美元，同比增长8.24%;完成营业额35.49亿美元。对外承包工程业务主要集中在亚非地区，非洲地区营业额占比65.33%；亚洲营业额占比29.65%；项目主要集中在交通运输建设、房屋建筑和水利建设领域。

2015年，北京市企业在“一带一路”沿线34个国家开展对外承包工程业务，新签合同额18.36亿美元，完成营业额12.29亿美元。5000万美元以上较大对外承包工程项目共8个，北京城建集团有限责任公司马尔代夫易卜拉欣纳西尔国际机场改扩建项目合同额达4.4亿美元；中国电气进出口有限公司白俄罗斯铁路电气化改造二期项目合同额达9497万美元。

## （三）对外劳务合作稳步发展

2015年，北京市全年外派各类劳务人员15503人，期末在外劳务人员34183人，实现劳务收入1.6亿美元，期末在外人数及劳务收入同比分别增长16%和2倍。

根据商务部要求，北京市多部门建立合作机制，指导企业按照法律法规要求开展对外劳务合作业务，并及时掌握企业业务进展动态。2015 年北京市审核对外劳务合作项目 20 项，审核备案登记输港澳劳务项目 1192 件。

## （四）对外经济合作便利化进程加快

北京市采取系列措施提高管理效率，便利对外经济合作，采取多种方式促进和鼓励企业“走出去”获得更多国际市场。

### 1. 简化境外投资备案管理程序

北京市自 2014 年起逐步推进“备案为主、核准为辅”投资管理体制改革和实施，从 2015 年 10 月份开始推行境外投资项目无纸化备案管理。多部门密切合作，确立了推动“走出去”发展的工作机制建设，加强境外投资管理部门的沟通与协调，完善境外重大投资项目的协同服务机制，2015 年在北京商务委员会备案的企业数量为 2014 年的 2.8 倍。

### 2. 制定发展实施方案

2015 年，北京商务委员会发布《北京市关于进一步促进企业境外投资合作发展的实施方案》，成为全市开展对外投资合作的指导性文件。该方案提出“坚持企业主体、政府引导原则，坚持结构调整、转型升级原则，坚持互利共赢、共同发展原则，坚持发展与风险防控兼顾原则”四项工作原则；从建立工作机制、深化投资便利化改革、加大财政支持力度、加强金融服务、健全服务保障体系等五个方面提出保障措施；从健全重大国别风险预警机制、完善投资风险防范体系和增强企业守法经营意见等方面提出了风险防范措施。希望巩固北京市传统优势海外市场，扩大与发达经济体经济合作，积极参与“一带一路”市场开发，促进对外投资合作持续快速健康发展。

### 3. 搭建平台帮助企业寻求境外投资机会

北京市政府充分利用各种机会为企业开展境外投资和项目合作搭建对接交流平台，组织企业参与中国—白俄罗斯地方经贸论坛，签订项目合同两项，达成合作意向四项；协助雅典、贝尔格莱德、华盛顿市等来访代表团举办投资推介会，介绍所在国家及城市的投资环境及引资项目；与部分“一带一路”国家驻华使馆合作，举办北京市企业与“一带一路”沿线重点国家的企业洽谈会，以便进一步开拓市场。

## 三、双向投资发展环境分析

### （一）全球经济发展存在不确定性

近年来，全球经济发展的不确定性导致国际投资额波动较大。2014 年全球国际直接投资额出现 8% 的降幅，是自 2010 年以来全球国际投资流量最低水平；虽然 2015 年全球国际直接投资额有较大增幅，同比增长 36%，金额达到 1.7 万亿美元，但国际组织对全球直接投资前景并不乐观。UNCTAD 组织预测，由于全球经济的脆弱性和需求的持续不振，2016 年全球直接投资额将有 10%–15% 的下降，2017 年稍有恢复，2018 年超越 1.8 万亿美元。

2008 年金融危机后，发达国家经济复苏缓慢，虽然美国经济基本走上复苏轨道，但还无法实现经济持续增长；欧洲国家经济发展迟缓，对外投资乏力；日本经济衰退积重难返，投资量波动较大。2015 年虽然欧盟和日本的对外直接投资增幅较大，但投资额仍不及其 2007 年投资巅峰额的 40%。另一方面，美国政府的加息举措、欧美国家的“再工业化政策”不仅吸引了本国资本的回流，更吸引其他国家的外资流入，导致进入发展中国家的外资相对减少。

2008 年金融危机后发展较为迅速的发展中国家经济增长出现较大波动性，出现资金外流和经济衰退现象，对外投资能力和吸引外资能力持续下降。发展中国家的对外直接投资额在全球投资额中的占比从 2014 年的 39% 下降到 2015 年的 28%。

从长远看，全球国际投资环境向着自由化、制度化、便利化方向发展，各国仍将吸引外资作为促进经济发展的重要手段，但随着发达国家和一批以印度为代表的新兴发展中国家将吸引外资视为其引入资金、技术、融入全球价值链的重要手段，中国在吸引外资方面增加了许多竞争对手，各国在全球技术和资金的争夺日趋激烈。

## （二）区域协定谈判潜在影响大

2014 年，美国启动跨太平洋伙伴关系协定 ( TPP) 和跨大西洋自由贸易区谈判 ( TTIP) 谈判，希望借此重获世界经济发展主动权，重构亚太和全球贸易版图，强化其全球经济主导地位。2016 年 2 月初，TPP 协定在新西兰正式签署，覆盖了 12 个国家的对外贸易，成员国 GDP 总量和贸易额分别占全球 GDP 总量的 40% 和全球货物出口贸易额的 30%，在工业制成品贸易、服务贸易、投资、知识产权保护、国有企业改革，争议解决方面都达成了新协议。虽然目前 TTIP 谈判较为艰难，但欧盟认为 TTIP 谈判在稳步推进，仍有可能在 2016 年年底完成谈判。 这些高标准投资规范和区域协定产生的贸易转移效应，使北京在国际贸易、国际投资领域处于不利地位。

另一方面，中国正在积极推进亚太经济一体化的进程，与东盟、日、韩等国积极进行区域全面经济伙伴关系协定（RCEP）谈判，谋求打造中国—东盟经贸关系升级版，希望达到一个现代、全面、高质量和互惠的经济伙伴关系协定。这些区域协定的签署会给北京的双向投资带来新机遇。

## （三）我国采取措施促进双向投资发展

随着全球外国直接投资流量减少和各国经济政策调整，进入我国的外资增长出现缓慢上升趋势。自 2014 年以来，我国产业结构性调整等政策也使得中国经济增速明显放缓，部分跨国公司对中国经济发展信心出现下降，国内急速上升的生产成本也使得部分外资企业不得不重新考虑其投资地点，部分省市开始出现撤资现象。为了更好利用外资，我国在不断调整简化外资审批制度和管理体制，引入负面清单管理制度，加大开放力度。上海、天津等自由贸易试验区的成立及其享受的优惠政策增强了这些地区对外资的吸引力。2015 年我国非金融领域实际利用外资 1262.7 亿美元，同比增长 6.4%，外商投资新设企业 26575 家，同比增长 11.8%，扭转了自 2012 年以来连续波动下降局面。各省市引资重点由制造业外资转向服务业外资，加大了各省对服务业外资争夺，计算机应用服务、房地产业、商务服务业、金融业等成为外资流入热点。2015 年引资额的增长，既得益于全球投资额增长，也得益于我国外资领域的改革。今后的几年中，我国将进一步推广各个自由贸易试验区成功经验，不断改革外资管理体制，吸引更多资本进入。

同时，我国开始大力发展对外直接投资，“走出去”和“一带一路”建设成为国家对外投资合作的重大战略部署，商务部在加强政府引导，提升政策支持力度、明确投资导向、加强对外投资监管，完善信息服务体系方面做了大量工作。2015 年我国对外投资达到 1276 亿美元，与利用外资基本相当。我国将进一步加快对外投资步伐，促进“引进来”和“走出去”协调发展，优化全球产业布局，不断提高全球资源配置能力，深度融入全球产业链和价值链。

### （四）“一带一路”战略提供了新的发展空间和机遇

我国倡导的”一带一路”战略沿线涉及 65 个国家，总人口约 44 亿，是目前世界上经贸机会较多区域，其经济年平均增长速度亦高于世界平均水平。2015 年，我国企业共对“一带一路”相关的 49 个国家进行了直接投资，投资额合计 148.2 亿美元，同比增长 18.2%，占我国对外直接投资总额的 12.6%。投资主要流向新加坡、哈萨克斯坦、老挝、印尼、俄罗斯和泰国等。2015 年，我国与“一带一路”相关的 60 个国家新签对外承包工程项目合同 3987 份，合同额达 926.4 亿美元，占同期我国对外承包工程新签合同额的 44.1%，同比增长 7.4%，完成营业额 692.6 亿美元，占同期总额的 45%，同比增长 7.6%。这些数据显示了“一带一路”带来的巨大发展机遇和潜力。

北京作为“一带一路”战略的重要节点城市，一方面充分利用中央企业集聚和高技术企业密集优势，凭借其技术优势和产业优势向“一带一路”国家进行直接投资，获得更多发展机遇。另一方面，亦可以借助其地理、经济和技术优势，成为其他国家和地区外资进入“一带一路”建设的踏板，吸引更多外资进入。

### （五）北京市经济发展战略功能定位出现变化

京津冀协同发展战略的制定和实施重新规划了首都经济发展功能定位。北京需要有序疏解非首都功能，严控非首都功能产业增量、疏解巨额存量。北京市 2015《新增产业的禁止和限制目录》中，全市 55% 新增行业禁限，城六区 79% 新增行业禁限，这些禁限措施限制了北京部分产业的发展和外资引进，增大了吸引外资难度，然而，北京集中发展“高精尖”服务业的战略目标和服务业扩大开放试点政策为北京市吸引高端服务业外资提供了新的机遇。北京市在京津冀协同发展战略中的产业发展引领地位、三地产业重新合理布局错位发展、区域内部较为完整产业链、区域内部投资贸易壁垒的减少以及区域对我国中西部地区的辐射力等，都增强了北京对外资的吸引力。

对外直接投资方面，受到首都经济发展功能定位影响的北京企业，可以利用对外直接投资转移到国外继续经营生产，留守北京的“高精尖”企业可以充分利用京津冀区域协同发展获取规模经济效益，构建国内价值链，提高企业国际竞争力，为对外跨境投资打下良好基础。

## 四、双向投资发展趋势

### （一）外商直接投资是北京经济发展的重要力量

外商直接投资是北京对外开放战略不可或缺的动力，是北京建设国际创新中心、国际交往中心、国际科技中心的重要支撑力量，北京市须继续发挥已有跨国公司总部集聚优势、高技术产业集聚优势，结合北京新的首都功能定位和发展目标，以服务业扩大开放综合试点为基础，构建与国际接轨的服务业扩大开放新格局，进一步扩大吸引外资规模，提高外资质量，优化外资结构，发挥外资溢出效应，促进北京经济发展。

### （二）优化外资来源，提高外资质量

北京市吸引的外资来源过于集中，2015 年香港投资占全市实际外资 76.4%，美日欧投资仅占 0.3%、0.9% 和 4.4%，且占比出现大幅下降，分别下降 76.5%、60.8% 和 58.3%。过于集中的外资来源地一方面导致对某特定地区依赖过度，另一方面也影响了外资质量。相对而言，来自欧美国家的外资技术含量较高，也更为注重开发内地市场，可以更好促进北京经济发展。

北京需要立足新的城市发展战略，服务京津冀协同发展大局，积极引进符合首都功能定位的“高精尖”增量外资，从注重引资规模、速度和数量向注重外资质量转变，吸引更

多来自欧美高科技含量外资进入区域，吸引更多高端服务业外资进入区域，吸引更多符合北京城市发展战略的外资进入区域，使外资在推动北京产业升级、结构优化、科技创新、区域协调发展等方面更好地发挥引领、示范和溢出作用。

### （三）优化利用外资产业结构

北京在保持吸收外资规模稳步增长的同时，将继续优化外资产业结构，寻找新的外资增长点，促进北京产业结构升级调整。北京要充分利用服务业扩大开放试点政策，加大服务业六大重点领域引资力度，利用原有产业优势，吸引外资进入文化创意产业、环保能源、商务服务、金融业等新兴产业；推动服务业高端化、集聚化发展；鼓励外资进入生活性服务业，进入医疗健康行业，吸引高水平生产服务业项目入境，提高北京整体生活服务质量和水平；引进国外知名品牌，支持外资参与传统商业品牌的转型升级；发挥北京跨国公司总部企业集聚优势，促进北京市总部经济的发展；发挥北京高科技资源密集的优势，吸引高新技术外资入境。鼓励外资在京津冀协同发展、京津冀产业转移与升级等方面积极投资，引导外资根据项目特点选择恰当投资领域及地区，与京津冀区域建设共同发展并从中受益。

### （四）不断改善国际商务环境

继续加大引资工作力度，结合服务业扩大开放试点宣传，充分利用中国（北京）国际服务贸易交易大会、中国北京国际科技产业博览会、国际投资洽谈会等国内外各类国际会议、展会等平台和经贸代表团出访交流等外事活动，开展海外招商招展，吸引一批高端服务业、高新产业、高技术领域的国际知名企业入驻。

北京要协调各职能部门管理职能，继续改革并简化外商投资审批和管理方式，增强外商管理的透明度和公平性。继续推广上海自由贸易试验区经验，逐渐向负面清单外资管理模式转变，完善外商投资中期和后期监管体系，各部门共享外资信息，做到公平公正有序管理，提高外资管理效率。针对高科技外资、高端服务业、高端总部集聚特点，加强知识产权保护，加强高端专业人才供给，努力营造较为舒适的生活环境，营造一流国际商务环境。

京津冀三地加强信息交流，增强区域整体引资能力，减少三地在引资方面的恶性竞争，引导外资项目在区域内定位合理布局，促进三地外资项目协同发展。

## （五）构建对外投资合作新格局

对外开放新局面需要坚持“引进来”和“走出去”并重，在提高外资质量和规模的同时，鼓励本土企业采用多种方式开辟国际市场。

对外投资和引进外资相互结合，企业可以利用引进外资获得的优势积极开拓国际市场，也可以充分利用对外投资逆向溢出效应、利用境外投资获得的资源、技术、资金促进国内产业升级，增强企业国际经营能力，培养一批拥有核心技术创新能力和品牌运营能力的本土跨国公司。

企业对外投资与工程承包相结合、与劳务输出相结合，将资本输出、技术输出和人力资本输出结合在一起，增强企业国际竞争力和市场占有率。

对外贸易与对外投资相互支撑，相互促进，共同开发国际市场，培育国际竞争新优势，提高北京企业技术优势、品牌优势和产品服务质量优势。

相关政府部门进行协商合作，进一步简化企业境外投资管理程序，探索建立一站式备案受理机制，提升企业境外投资服务水平，简化境外投资外汇登记程序。鼓励企业采用多种方式开拓国际市场，加大金融支持力度，加大政策性保险支持力度，加强对专业化人才的吸引与培养，保证高级人力资源供给。设立专业服务平台，为企业“走出去”提供咨询和服务。充分利用北京产业优势和金融优势、利用企业已有跨国经营经验，在重点行业培养一批本土跨国公司。

## （六）充分利用北京产业优势加快“走出去”步伐

充分发挥北京服务业发达，高端商务服务业市场竞争力强的优势，鼓励北京服务业企业积极开拓国际市场：引导企业利用商标、专利和专有技术、管理经验等自有知识产权扩大对外合作，整合战略性资源、参与或制定国际标准；鼓励有实力的商务服务业企业在全球范围内提供对外投资、融资管理、工程规划设计、管理咨询等各类高端商务服务，实现全球范围内的资源配置和优化。

充分发挥北京科技创新优势，鼓励中关村科技园区、经济技术开发区、临空经济区等高端产业功能区加强与全球科技企业的跨国合作，支持新一代信息技术、节能环保、生物工程、新能源、新材料、航空航天、高端装备制造等战略性新兴产业开展对外合作，鼓励企业在境外开展投资和技术合作，设立境外联合研发实验室，增强北京自主创新能力，提升北京在全球科技发展中的创新影响力。

充分发挥北京文化产业优势，推动文化贸易和文化服务“走出去”，给予相关政策扶持，大力培育文化创意企业境外投资，增强其核心竞争力和国际影响力，培育具有一定国际竞争优势的文化企业。

充分发挥北京在中医药产业和服务贸易方面的优势，通过多种方式将中医药产品和服务推向国际市场，赢得国外消费者信任，获取更多国际市场份额，建立培育国际知名中医药品牌和服务机构。

充分发挥京津冀各自产业优势，创新合作模式，加快推动各地区错位发展与融合发展，推动三地企业联合“走出去”。

## （七）鼓励企业积极参与“一带一路”建设

充分发挥北京企业在基础设施建设、现代装备制造业、新能源产业和战略性新兴产业的竞争优势，鼓励企业积极参与“一带一路”沿线国家交通、能源、通信等重大基础设施项目建设，进一步拓展与沿线国家装备制造业和国际产能合作空间和机遇；积极参与沿线国家能源资源勘探的开发、清洁能源和可再生能源的开发合作，形成能源资源合作上下游一体化产业链，保证我国未来的能源供给；推进在“中蒙俄经济走廊”、“中巴经济走廊”和大湄公河次区域等工业园区或经贸园区建设。采取系列措施，简化管理手续提高对外投资管理效率，鼓励金融机构为“一带一路”项目进行金融创新，为企业和项目提供足够资金，充分利用国家相关政策或保险机制，减少企业投资和运营风险。

## （八）鼓励企业海外建立产业集群

鼓励有条件、有能力的企业集团在境外建立海外发展基地，以产业集群的方式进行对外投资。一方面联合国内上下游企业集体“走出去”，共同进行海外市场竞争，增强企业抗风险能力，合力开拓国际市场，一方面企业通过对外直接投资获得战略资源，与相关企业合作，在海外建立自己有核心控制权的全球价值链。

境外经贸合作区已成为我国企业“走出去”的重要途径之一，可以充分享用各个境外经贸合作区提供的优惠政策，享受国内相关企业集聚带来的产业集聚效应，借助境外经贸合作区详细了解投资国并寻找更多合作机会。目前我国在 34 个国家建设境外建设合作区 75 个，吸引了 720 多家中资企业入驻，为当地创造了大量就业，受到东道国欢迎。北京企业可以充分利用境外经贸合作区带来的益处，增强整个集群企业的国际竞争力。

## （九）大力发展对外工程承包和劳务合作

鼓励北京企业利用自身优势，大力发展对外工程承包和劳务合作，尝试通过投资带动工程承包、工程建设运营转让（BOT）等多种方式，实现对外承包工程向国际产业链高端延伸，培育企业国际竞争新优势；推动境外承包工程与外贸、投资联动发展。

继续扩大对外劳务合作规模，加强对外劳务合作管理，保证合作规范有序稳步发展，提高外派人员素质和国际竞争力，努力打造“北京服务”品牌，建立外派劳务监测、预警和安全保护机制，保护外派劳务人员的合法权益。